自分らしく
お金持ちになるための
70の習慣

ブライアン・トレーシー
白根美保子／訳

Getting Rich Your Own Way

ダイヤモンド社

自分らしくお金持ちになるための70の習慣

Getting Rich Your Own Way
by Brian Tracy

Original English language edition published by John Wiley & Sons, Inc.,
Hoboken, New Jersey
Japanese translation rights arranged with John Wiley & Sons, Inc.,
Hoboken, New Jersey

◎はじめに◎　あなたにも必ずできる

本気なのか？　それなら今この瞬間をつかまえろ。今おまえのできること、今おまえがやりたいこと、それをすぐに始めるのだ。大胆さには、才能とパワー、すべてを可能にする不思議な力が隠されている。ただやり始めさえすれば、どんどんやる気がわいてくる。始めろ。そうすればもう終わったも同然だ！

——ゲーテ『ファウスト』の序章
（ジョン・アンスター訳）

お金持ちには「目立たない」人が多い

私が子供の頃、うちにはあまりお金がなかった。父には常に仕事があったわけではなく、看護師だった母の収入だけで、私を含めて四人の息子を養わなければならない時も多かった。私たち子供はマカロニとチーズをまぜたインスタント食品を食べて育ち、服は慈善団体からもらったものばかり着ていた。そんな状態だったので、私は一〇歳の時から、近所で庭の手入れやちょっとした仕事を手伝ってお金を稼ぎ、小遣いにしていた。

一五歳の時、私はいわゆる「金儲けの秘訣」を探し始めた。多くの若者と同様、私の目標も三〇歳になる前に百万長者になることだった。だが、三〇歳になった時の私は、それまでに確かに小さな成功は何度か経験していたものの、二〇歳の時とたいして変わりのない無一文だった。ハイスクールさえまともに出ていなくて、セールスがちょっとできる以外はこれといった技術は持っていないままだった。

私が自分の現実、つまり二〇歳からの一〇年間ほとんど進歩しなかったという状況について真剣に考え始めたのは、だいたいその頃だった。友人の多くはすでにかなり成功していて、結婚して子供もいて、いい家に住み、高給を取っていた。一方私はといえば、金銭的にすっかり行き詰まっていた。

少し心配になってきた私は人生ではじめて、お金について真剣に考えるようになった。そして、お金持ちになるための近道をいくつか試したあと、やっと腰を落ち着け、お金持ちになるための本格的プランに取り組み始めた。そのプランはうまくいった。もちろん後戻りすることも多かったし、失敗もあったが、その後七年の間に私は貴重な教えをたくさん学び、結局一〇〇万ドル以上の純資産を手にすることができた。私がやってきたことは決して無理なことではない。あなたにも必ずできる。

実際のところ、**自分の腕一本で財を築いた百万長者たちがやってきたことは**、あなたにもできる**ことばかりだ**。私の言葉を信じてほしい。だれもあなたよりすぐれているわけでも、頭がよいわけでもない。**私はこれまでに多くの百万長者に会ってきたし**、**もっとお金持ちの億万長者、超がつくほどの大金持ちにも会っている。そういう人たちの大部分に共通する特徴で一番印象的なのは、彼らが「目立たない人間」だということだ**。つまり彼らはごく普通の人たちだ。みんな正直で、勤勉で、自ら進んでリスクを取り、自分がこれと決めた分野で技術を磨き、状況が厳しくなっても（これはいつもだいたいそうなる）決してあきらめなかった人たちだ。

この本では、**経済的な自立を実現する、あるいは単に自立するだけでなく、それ以上のお金持ちになるための方法を紹介する**。これらの方法を学んだあと行動を起こすかどうか、目的のものを手に入れるまでそれをやり続けるかどうかはあなた次第だ。あなた自身が限界を定めない限り、夢は無限だ。

お金を引き寄せる磁石になれ

この本で私があなたに教えたいと思っているのは、あなた自身がお金を引き寄せる磁石、「マ

ネー・マグネット」になる方法だ。また、自分でビジネスを始めたり、今勤めている会社で「高速車線」に乗って早く昇進・昇給したり、自分が得意な分野で一流になったり、賢く投資したりして経済的自立を達成するにはどうしたらよいか、その方法についてもお話ししたい。そのほかにも、チャンスの見つけ方、お金持ちになるための第一歩の踏み出し方、必要なお金を集める方法、自分の才能や能力を最大まで伸ばす方法、金銭的な成功を達成するために必要な知識を得る方法なども紹介する。

「欲しいものがあったら、それはもう自分のものだと考えよう。自分のもの、自分に属するもの、すでに手にしているものと考えよう」

——ロバート・コリエ

自分らしくお金持ちになるための70の習慣●目次

目次

第1章

Learn How to Become Rich

"When your desires are strong enough, you will appear to possess superhuman powers to achieve."

-Napoleon Hill

なぜ人はお金持ちになれないか?

「願望が充分強ければ、
それを成し遂げるだけの超人的な力が持てる」

ナポレオン・ヒル

物もチャンスも、またそれらを手に入れる手段も豊富にある今の世界で、お金持ちになりたいと思ってもそうなれない人がこんなに多いのはなぜだろうか？　一生せっせと働き、それなりの給料をもらいながら、年金や家族からの援助に頼らず、経済的に自立した状態で引退できる人がこれほど少ないのはなぜだろうか？

まず一般に、人がお金持ちになるのを押しとどめていると思われるいくつかの理由を見てみよう。この本はそれらの障害を克服し、あなたに合ったやり方でお金持ちになる方法、「自分流金持ち術」を見つけるための本だと言っていい。

人がお金持ちになれない五つの理由

①「自分はお金持ちになれるわけがない」と思っている

普通の人は、お金持ちに縁がないまま成長する。学校で机を並べるのは自分と同じような境遇の人ばかりだし、仕事に就いたあとも、同僚や仕事以外で付き合う人の中にもお金持ちはあまりいない。子供の頃からずっとこんな状態だったら、「だれにでもお金持ちになれる可能性がある」と一度も考えずに大人になったとしても不思議はない。両親がお金持ちの家庭で育った子供の方が、そうでない環境で育った子供よりお金持ちになる場合がずっと多いのはこのためだ。両親がお金持ちだと、金銭的な成功が子供の世界観の一部となる。そうでない人は「自分もお金持ちになれる」と思えないから、お金持ちになるために必要なことを何一つやろうとしない。だから貧乏のままでいる。

②「お金持ちになろう」と決心しない

多くの人が、思ったように成果をあげられなかったり、失敗したりする大きな原因は、**「成功するぞ」と決心しないからだ。**多くの人は、たとえお金持ちになりたいと思っていても、「お金持ちになろう」と固く決心することもなければ、そのために全身全霊を捧げようと心に誓うこともない。そういう人は、そのために努力をしたいと思っていて、「いつか」は本当にそうするかもしれないが、「今」はそうしない。つまり、金銭的成功を願い、祈りもするが、「よしやるぞ！」とは決して決心しないし、行動にも移さない。経済的な自立への一歩を踏み出すには、この決意が不可欠だ。

③何でも後回しにする

何でも後回しにしたがる人は、目標を達成するためにやらなければならないことがわかっていても、それをなかなかやり始めない。後回しにするのが好きな人にとっては、それを正当化する理由を見つけるのは簡単だ。その結果、やるべきことを一カ月、一年と先送りにして、結局は手遅れになる。たとえ「自分もお金持ちになれる」と気づき、お金持ちになるために何かを変えようと決心した人でも、後回しにする「癖」が出てくると、そのプランが永遠に延期されることになりかねない。後回しにする癖は時間泥棒、人生泥棒だと言っていい。

④あとで満足を得るまで待てない

現代社会ではほとんどの人が、自分が稼いだお金だけでなく借りられる限りのお金、クレジットカードで使える限りのお金を全部使ってしまいたいという、抑えきれない衝動を持っている。だが、満足を先に延ばし、有り金残らず使ってしまわないように自己抑制ができない限り、お金持ちになるのはむずかしい。世界的富豪で、コンバインド・インシュアランス社の創立者W・クレメント・ストーンはこう言っている。

「お金を節約できない人の中には、偉大なことを成し遂げる種がない」

⑤長期的な展望を持っていない

長期的な展望の一つの例を挙げよう。イギリスの上流家庭では子供が生まれるとすぐに、オックスフォードやケンブリッジなどの名門大学に、いわば入学の予約のようなものを入れる。そして子供のために銀行口座を開き、二〇年近く先の大学入学に備えてお金を貯め始める。長期的展望を持てる人は、将来よりよい結果を得るために目先のことを犠牲にできる。このような人はほぼ確実に金銭的な成功を収められる。反対に、まったく時間的展望を持っていない人は二、三カ月先の給料日までしか考えていない。このような時間的展望の違いは、心構えや人格にも影響を与える。

お金持ちとそうでない人の違い

大きな富を築く人と、そうでない人との違いは何だろう？　この質問に対する答えは、私が「レバレッジ（てこの作用）」と呼ぶものにある。レバレッジは金銭的な成功の可能性を限りなく大きくするための鍵だ。経済的自立の実現に役立つレバレッジで、あなたにもすぐ利用できそうなものをいくつか見てみよう。

レバレッジ（てこの作用）がお金持ちになる鍵

①専門的な知識を身につける

知識を身につけることによってレバレッジを生み出すには、三つの方法がある。その一つは、自分が選んだ分野でエクスパートになることだ。本を読んだりセミナーに出席したりして最新の知識を仕入れ、その業界でトップの一〇パーセントに入るように努力しよう。二番目の方法は、自分の会社や顧客にとって一番重要で、価値のある分野に重点を置くことだ。「80対20の法則」を利用し、仕事場での活動のうち、会社や顧客にとって一番大きな価値を持つ二〇パーセントの活動に焦点を合わせ、そこから八〇パーセントの成果を生み出すようにしよう。三番目の方法は、自分が売っている製品やサービスを隅々まで知り尽くすことだ。より多くの情報・知識を持っている人の方が、より多く顧客の役に立てることをよく覚えておこう。

②技能《スキル》を身につける

当然ながら、技能をより多く持っていれば、それだけ多く支払ってもらえる。アメリカではセールスパーソンのトップ二〇パーセントが稼ぎ出す額と、残りの八〇パーセントが稼ぎ出す額との差は一五倍にもなると言われている。医者や弁護士、特殊技能を持った機械工など、どんな業界でも、トップグループの稼ぎは、平均的な人たちの稼ぎをはるかにしのぐ。**技能のレバレッジを生み出す鍵は、自分の選んだ分野で一番になろうと決心すること、学ぶのをやめないこと、常に顧客や上司の期待以上のことをするように努めること**だ。一番になるためにはどんな犠牲もいとわないようにしよう。技能を身につけるのに数年間余計にかかったとしてもそれはきっと報われる。常に人からの期待や支払い以上のことをする人は、最終的にはより多く支払ってもらえるようになる。

③金儲けのためのお金をつくる

「お金を儲けるにはお金が必要だ」とよく言われる一番の理由は、資金となるお金を貯める能力が、経済的自立を目指す人にとって不可欠な能力だからだ。つまり、自分をコントロールし、財産を築くために必要なお金を貯めることができなければ、お金持ちにはなれない。このレバレッジを作り出すためにあなたにできることは三つある。一つは、お金を定期的に貯めること。**まず総収入の一〇パーセントを使わないでとっておくことから始め**

よう。給料から自動的に差し引かれるようにして、投資に回してもいい。二つ目は、借金を返すこと。クレジットカードなど、金利の高いものから返済を終わらせて、家や車のローン以外は借金がないようにしよう。三つ目は、予備の現金を常に用意しておくことだ。そうすれば、チャンスが来た時にすぐにそれをつかむことができる。

④ネットワークをつくる

人間のネットワークは、成功を収めるための最大のレバレッジと言ってもいい。その質と量を高めるためには、次のような方法が有効だ。まず、近くにいる人でも遠くにいる人でもいいから、**知っていたらとても役に立つだろうと思われる人を二五人選び、これから一二カ月の間にその全員に会うことを目標に戦略を練ろう**。目標が達成できたら、またリストを作ってこのプロセスを繰り返す。二つ目の方法は、常にネットワークづくりを心がけることだ。仕事に関連した会合や業界の団体の活動に、進んで出席しよう。そういう場で、どんなチャンスにめぐり合うとも限らない。地域住民の活動や、公共団体の主催するボランティア活動などに参加するのもいい。

⑤独創性の目を覚ます

どんな人でも、本気で探せば、何かしら独創的なアイディアや問題の解決法を思いつくはずだ。すべての富は一つのアイディアから始まる。このことを忘れないようにしよう。これはとても大事なことなので、第八章でもっと詳しく取り上げる。あなたの中に眠っている独創性の目を覚ますためにどうしたらよいか知りたい人は、ぜひ第八章を読んでほしい。

⑥よい仕事の習慣をつける

仕事をきちんとすばやく片付ける習慣を持っている人は、ほかの人より有利だ。なぜなら、そういう人はほかの人より目立ち、他人からの助けも得やすいからだ。よい仕事の習慣はあなたにより多くのチャンスを与えてくれる。「**常に顧客が満足する仕事を短い時間でやり遂げる人だ**」という評価が定着すれば、それだけであなたは仕事の上での成功へ一歩近づいたことになる。

⑦前向きでいる

あなたのことを好きな人が多ければ多いほど、あなたの前に開くチャンスの扉も多くなる。だれでも、自分が好きな人を助けるためならひと肌脱ごうと思う。他人とうまくやっていく能力、効果的にコミュニケーションをとる能力、そして常に前向きで明るくしていられる能力があれば、どんな状況でもだれかが助けてくれる。

⑧幸運を引き寄せる

お金持ちになった人の成功談には、幸運に恵まれた話がよく出てくる。実際、幸運は大きな成功にはつきもののレバレッジと言ってもいい。ありがたいことに、どんな運がめぐってくるかはたいていの場合予測可能で、その確率もコントロールできる。たとえば、交通事故に遭う確率はだれでも同じだが、慎重に運転すればその確率を減らすことができる。同じように、**幸運がめぐってくる確率も行動によって高めることができる**。ビル・ゲイツを大金持ちにしたマイクロソフト社では、常に一六〇〇ほどのプロジェクトを同時進行させているそうだ。もちろん、トライする数が多ければ、成功するものもたくさんあるが、失敗するものも出てくる。だが、それにめげず、常に新しいことに挑戦し、失敗から学び続ければ、成功のための技術と経験が必ず手に入る。幸運は、はっきりとした目標としっかりした行動計画を持った人のところにめぐってくる。

⑨エネルギーのレベルを高くする

このエネルギーはあなたの体力、精力を意味する。成功する人はたいてい、普通の人よりパワフルだ。だから長時間、精力的に働くことができるし、困難にぶつかってもそれを跳ね返すことができる。**大きな成功を収めた人の多くに共通することの一つは、彼らがほとんどテレビを見ずに早く寝ることだ。**「早起きは三文の徳」というのはどうやら本当のようだ。**早起きは人を健康に、お金持ちに、そして賢くする。**お金持ちは自分の時間を有効に使うライフスタイルを確立し、普通の人がまだ寝ている時間に起きて一日の計画を立てる。この習慣を持っている人は、それだけで他人より有利な立場に立てる。

⑩自分に合った職業を選ぶ

自分に合った職業を選ぶことは、おそらくお金持ちになるために一番大事なレバレッジだ。

次の質問に答えてみよう――宝くじで一〇〇万ドル（約一億円）当たったとしたら、そのあともあなたは今の仕事を続けるか？　答えが「ノー」の人は、まず、自分が間違った道に立っていることを認めよう。そして、自分が本当に好きなこと、うまくできるようになる可能性を持っていて、そうしたいと思うことを探そう。それが見つかってはじめて、自分に合ったやり方でお金持ちになる旅のスタートラインに立てる。

お金持ちになりたいと真剣に思っている人には奇跡は必要ない

もしあなたがお金持ちになりたいと心から思っていたら、あなた自身以外、あなたを止めるものは何もない。成功を収めた人の中には、さまざまなハンディキャップを背負っている人、多くの制約、困難を抱えていた人がたくさんいる。大きな困難にぶつかった時には、その一〇倍の困難を抱えながら成功した人がいることを思い出そう。**お金持ちになりたいと真剣に思っている人には奇跡は必要ない。**必要なのは目標と計画、自己抑制、そして人の何倍も長い時間、人の何倍も一生懸命働くことだけだ。そして、これらの必要条件はどれも学習や意志の力によって手に入れることができる。

自分らしくお金持ちになるための70の習慣①

1.「いつかきっと経済的に自立するぞ」と心に決めよう。具体的なゴールとそこに到達するまでの期限を定め、プランを立ててそれに従って行動を起こそう。

2. 銀行に行き、「財形貯蓄用」口座を開こう。そして今後、その口座に、経済的自立の土台となるお金を貯めていこう。

3. 一〇年、二〇年後に望み通りの生活を送っている自分の姿を心に描こう。それを現実のものにするために、今あなたにできるのは何だろう？

4. 自分が選んだ分野で、有能な人間になろうと心に決めよう。もっと価値のある仕事をするために役立つスキルを見つけ、それを伸ばそう。

5. ペースを上げよう。いつも、もらっている給料以上のことをやるように心がけよう。仕事のスピードを上げ、さっさと行動し、人をあてにせずに仕事を片付けよう。

6. 安全第一にするのはやめよう。一時的な失敗を心配するのはやめて、もっと多くのことにチャレンジし、あきらめないでやり続け、成功の確率を高めよう。

7. 何が起こっても、いつも前向きで楽観的でいよう。どんな状況の中にも、どんな人の中にもどこかいいところがある。それを探そう。

「お金持ちになるための道は、それを望みさえすれば、市場《いちば》へ買い物に行く道と同じくらい平坦だ。大事なのは勤勉と節約だ。時間とお金をムダにせず、その両方を最大限に利用しよう」

ベンジャミン・フランクリン

第2章

Become a Money magnet

"The big challenge is to become all that you have the possibility of becoming. You cannot believe what it does to the human spirit to maximize your potential and stretch it to the limit."

-Jim Rohn

「お金持ちになる」と信じれば必ずそうなる

「最大のチャレンジは、
自分がなれる可能性のあるすべてのものになることだ。
それは人間の魂に、信じられないほど大きな影響を与え、
潜在能力を最大限まで伸ばす」

ジム・ローン（アメリカのビジネス思想家）

すべての富のスタート地点は、ナポレオン・ヒルが「成功意識」と呼んだ心構えにある。実際に金銭的な成功を収めるよりずっと以前に、あなたは気持ちの上で成功者となる必要がある。富を築き経済的な自立を獲得するために**一番大切な最初の一歩は、考え方を変えると決心し、自分が立てた目標をきっと達成できる、達成するぞと心から信じることだ。**そうしなければ何も始まらない。私もほんの数年前まで、この「心構え」がどんなに大事か本当にはわかっていなかった。だが、ある日、突然、その本当の意味が見えてきて、私の人生は一変した。あなたもまず、成功を意識することから始めよう。

目標達成に役立つ「宝の地図」の描き方

やる気を起こさせるための燃料は「理由付け」だ。理由がたくさんあればあるほど、成功したいという願望が強くなり、その願望を現実のものにする決意が固くなる。お金持ちになりたい理由が一つか二つしかない人は、困難にぶつかった時、簡単にあきらめてしまうかもしれないが、理由が一〇〇個あれば、下り坂を突き進む蒸気機関車のように、もうだれもあなたを止められない。

紙を一枚用意して、お金が限りなくあったとしたらやってみたいこと、手に入れたいものを何

でもいいから一〇〇個書き出してみよう。順序はどうでもいい、ともかく思いつくまま、最低一〇〇個書こう。これは、手を伸ばせば届くところにある可能性に対して、あなたの目を開かせるための作業だ。一〇〇のゴールを書き出すことによって、実際にそれを達成するために自分で今すぐできることはないか、あなたの無意識が考え始める。その時、あなたは新しい自分に生まれ変わる。無意識の力は偉大だ。

次に無意識を活性化する簡単な方法をいくつか挙げるので、試してみてほしい。

①目標を紙に書く

金銭的な成功を達成するには、そこに達するまでに必要な、具体的な目標を定めなければいけない。目標は紙に書くことが大事だ。それぞれの目標に対して期限を定め、さらにそこに至るまでの段階的な目標と期限を定め、それらの目標を達成するための細かい行動計画を立てよう。目に見えない的を射ることは決してできない。まず、目標を目に見えるものにしよう。そのための第一歩は、現在のあなたの財政状態を把握することだ。貸借対照表を作り、資産と負債を洗い出そう。外国に移り住むつもりになってすべての資産を現金化して考え、そこから負債を引いて「純資産」を割り出してみると、あっと驚くような結果が出てくるかもしれない。

純資産の量がわかったら、次は、それを一〇〇万ドルにすることを目標に計画を立てよう。ゼロから始めて純資産を一〇〇万ドル以上にするまでにかかる年数は、平均して二二年と言われる。すでにある程度の純資産を持っていれば、もっと短期間で目的が達成できるかもしれない。自分が今いる場所をスタート地点として、最終的な目標を達成するまでの期間を、まず一年ごとに、次に三カ月ごとに分け、期間ごとの目標額を計算して書き出そう。こうすると、純資産をどのように増やしていけばいいか目に見えてくる。

次に考えるのは、この目標を達成するためにどれだけ稼がなければならないかだ。**まずこれから一年間の収入をこれまでの一・五倍にすることを目標にしよう。**目標額が決まったら、それを紙に書き、これからの一年間でその目標を達成するために自分にできることをすべて書き出そう。次にそのリストを整理して計画を立て、すぐに行動に移ろう。やるのはどんなことでもいい。ともかく今日、今すぐ、目標に向かって第一歩を踏み出し、そのまま歩き続けよう。そして、**何週間か何カ月かたって目標額に近づいてきたら、その額を上げよう。自分で自分の給料を上げるのだ。**

大事なのは、得たいと思う結果についてははっきりとした考えを持つ必要があるが、それを得るまでのプロセスに関しては柔軟性を持つことだ。経験を積んだり、新しい情報を手に入れることで最初とは違う方法が見えてきて、プロセスを変化させることが必要になる場合もある。

②成功した自分を思い描く

目標を決め、プランを紙に書いたら、すでに目標を達成した自分の姿をできるだけはっきりと心に描こう。その映像がはっきりしていればしているほど、早くゴールに到達できる。また、そこに至るまでにたどってきたはずの道のりも思い浮かべてみよう。目をつぶり、目標を達成するまでに自分がやってきたさまざまな行動を一つずつ頭に思い描こう。そうすると、そのイメージがあなたの無意識に働きかけ、言葉や行動が自然とそのイメージに合ったものになっていく。つまり、視覚化によって、自分を成功する人間へとプログラムし直すのだ。視覚化はもちろんあなたの意識にも働きかける。それによって、あなたは意識的に多くのアイディアやエネルギーを取り入れるようになる。

心に思い描いた成功した自分を早く現実のものにするには、四つのポイントがある。一つ目は、心に描く時間の長さだ。これは、もちろん長ければ長いほどいい。**二番目は、頻度だ。**一日のうちに何度、あなたは成功した自分の姿を心に描くだろうか？　**三番目は、思いの強さだ。**その鍵は、どれくらい感情を込められるかにある。**最後の四つ目のポイントは、どれくらいはっき**

りと心に描けるかだ。これらのポイントを全部クリアすれば、目標が早く達成できる。

毎晩寝る前に、目標を達成した自分の姿を思い浮かべよう。うとうととしてきた最後の瞬間にその映像を心に焼き付け、そのあとリラックスして、眠りにつくと同時にその映像が消えていくようにする。そして、朝起きたらすぐに、自分にとって一番大事な目標を思い浮かべよう。あなたの夢を実現してくれる計画が、どこかでひそかに着々と進んでいると想像しよう。「今日、きっと何かすばらしいことが起こる!」そう口に出して言って一日を始めるのは、とてもすてきなことだ。

この「**創造的視覚化**」には、**もう一つ利点がある。それは、目標が実現可能なものだという自信を深めてくれることだ。**そしてこの自信から、さらに先に進む勇気がわいてくる。目標に向かって走り出したあなたはもうだれも止められない……。

③「宝の地図」を描く

目標達成に役立つ視覚化の力をさらに強力なものにするもう一つの方法は、私が「宝の地図」と呼んでいるやり方だ。

ポスター大の大きな紙を一枚用意し、その真ん中にあなたの目標を文字で書くか、目標に到達

した自分の姿の絵を描こう。それから、その目標に関連した写真や記事、励みになる言葉などを新聞や雑誌から切り抜き、真ん中の文字や絵のまわりを囲むように貼り付ける。ポスターができあがったら、毎日それをながめて、頭の中を前向きの言葉や映像でいっぱいにしよう。自分が欲しいと思っているものや、やりたいと思っていることを象徴する言葉や映像を、写真に撮るように心に焼き付けるようにするといい。

ポスターには、たとえば、欲しいと思っている車、いつか住めるようになりたいと思っている大きな家の写真を貼り付けるのもいい。あるいは、札束の写真をどこかから切り抜いてきてもいい。無意識に働きかけ、望みのものを手に入れるための「やる気」を起こさせるものなら何でもいいので、想像力を大いに働かせて、楽しい宝の地図を作ろう。この地図をながめる回数が多ければ多いほど、あなたが目標に近づく速度も、また目標があなたの方に向かって近づいてくる速度も速くなる。

頭に栄養補給をする

毎日の食事があなたの身体をつくるのと同じように、毎日あなたが頭の中に取り入れるものがあなたの心をつくる。だから、頭の中に何を取り入れるか、充分注意しよう。自分に自信を持ち、前向きな考え方をするのを助けてくれる「栄養」を補給することが大事だ。

①**成功している人について読む**――手本とする人を見つけ、何か問題にぶつかったら、「この人ならどうするだろう？」と考えよう。

②**自分の仕事、業種について学ぶ**――学べば学ぶほど自信がつき、能力も充分に発揮できるようになる。

③**通勤中に学ぶ**――通勤時間を利用して本やテープを使って一年間学べば相当のことが学べる。

④**セミナーや講座をとる**――セミナーや講座をとり講師に積極的に質問して専門知識を深めよう。

④**いい影響を与えてくれる人と付き合う**――前向きで、成功を目指している人、すでに成功している人とだけ付き合おう。

いいことであれ悪いことであれ、あなたがやること、言うことの九五パーセントは習慣によって決まっている。成功する人はいい習慣を身につけている。そのすばらしい習慣を身につけるために

三週間で成功の習慣を身につけるエクササイズ

は、毎日の心のエクササイズが大事だ。

①明日の朝から少なくとも二時間早起きして、その時間を自分自身のために使おう。毎朝

ジョギングなどの運動をしている人は、まずこの心のエクササイズを先にやるようにしよう。

②朝、テレビやラジオをつけたり新聞を広げる前に、何か自分のためになるものを読もう。自分にやる気を起こさせてくれたり、刺激を与えてくれたり、何かためになることを教えてくれたりする本などを読むのがいい。前向きで、健康的で、自分がすごしたいと思っている一日、送りたいと思っている人生をサポートしてくれるような考えを頭に取り入れよう。

③朝の読書が終わったら、ノートに一から一五の目標を「現在形」で書こう。つまり「一年に一〇〇〇万円稼いでいる」「ＢＭＷの新車に乗っている」など、その目標がすでに実現しているかように現在形で書く。毎朝、前の日に書いたものは「見ないで」新しい目標リストを書こう。

④一日の予定をあらかじめ立てよう。毎朝、新しい目標を書いたら、次に、その日にやるべきことをすべて書き出し、優先順位をつけよう。

⑤優先順位の一番高いもの、一番価値があり、一番大事な仕事にすぐ取りかかろう。一つの仕事に取りかかったら、それが終わるまで全力をそこにつぎ込もう。朝一番に大事な

仕事を片付ければ、自信やエネルギーがわいてきてそのあとの仕事も早く片付く。
⑥通勤の車、電車の中で、学習用オーディオテープを聞こう。通勤時間を学習時間に変えて、あなたの頭の栄養補給の時間にしよう。
⑦最後に、適度な緊迫感を持ち、少しペースを上げて、一つの仕事から次の仕事にさっさと移るようにしよう。時間をムダにするのはやめよう。速く動けば、それだけあなたのエネルギーレベルは上がり、より多くを成し遂げることができ、達成感も得られる。速く動けば動くほど、自分の人生をコントロールする力も増し、自信がついて、自分に対する愛情や尊敬の気持ちも増す。

朝は自己投資の時間にする

朝の時間は貴重だ。早起きして、一日の最初のひと時を自分自身のために投資しよう。自分に対する考え方が変わり、そこからいろいろな成果が出てきて、あなたはきっとビックリするだろう。この習慣を続けていると、自分自身に対する考え方が次第に変わってくる。そして、自分に何ができるかという「可能性」についての考え方も変わってくる。お金を引きつけるマネー・マグネットに変身したあなたは、自分でも思いもしなかったような成功を手にし始めるだろう。もう、あなたに制限を加えるものは何もない……。

自分らしくお金持ちになるための70の習慣②

8. 人生のすべての面で望み通りの成功をおさめている自分をはっきりと心に思い描こう。それと同時に、そうなった時に感じるだろう幸せな気持ち、誇らしい気持ちも想像しよう。このエクササイズを一日のうち何度も繰り返そう。

9. あなた自身の「成功のための図書館」を作ろう。人生における成功についての本や、あなたが尊敬する人についての本などを一カ所に集めておき、毎日三〇分から一時間その中の一冊を読むようにしよう。

10. 前向きで、きちんとした目標を持ち、それに向かって歩いている人たちのそばにいよう。そういう人たちからアドバイスをもらったり、自分のアイディアを聞いてもらったりしよう。

11. 常にプラス思考で自分に話しかけよう。自分の応援団長になろう。「私にはできる。やろうと思えば私には何でもできる」と心の中で繰り返せば、失敗に対する恐怖を打ち消すことができる。

12. 毎朝一番に、自分の気持ちを奮い立たせるようなものを読み、目標を現在形で書こう。「三週間のエクササイズ」を実践し、成功のための習慣を身につけよう。

13. 一〇〇万ドルの純資産を持つことをまず目標にしよう。今のスタート地点の財政状態を把握し、長期計画を立てよう。それからいくつかの区間を定め、区間ごとの所得や貯金、投資の目標を立てよう。千里の道も一歩から始まる。

14. 自分で自分の給料を上げよう。年収を今の額から五〇パーセント増やすと決めて、それを目標として紙に書き、目標達成のための計画を立てよう。そして、すぐに行動を起こし、成功するまで決してやめないようにしよう。

「それを欲しいという気持ちが充分に強ければ、どんなものでも手に入る。目標を一つに定め、欲しいと願う気持ちを決して失わなければ、どんなものにもなれるし、どんなものでも手に入るし、どんなことでも成し遂げられる」

ロバート・コリアー

第3章

Invest for Success

"There will come a time when big opportunities will be presented to you; when they do you must be in a position to take advantage of them."

-Sam Walton

お金持ちが選ぶ六つの投資先

「大きなチャンスがあなたの前に姿を現す時はきっと来る。その時、あなたはそれを利用できる準備ができていなければいけない」

サム・ウォルトン（世界最大の小売店チェーン、ウォルマートの創業者）

もし、お金持ちになりたいと本気で思っているなら、そのために何かやり始めるべき時は「今」だ。ファイナンシャル・プランは、あなたが今の状態を出発点として、経済的に自立した状態に達するまでの間、あなたが活用する道具だ。

ファイナンシャル・プランの三つの柱は、貯金と保険と投資だ。この章ではまずこの三つの柱を簡単に説明し、次に、資産を築いてお金に困らない状態で引退するためにあなたが知っておかなければならない投資戦略に焦点を合わせてお話しする。

ファイナンシャル・プランの三つの柱

1. 貯金

貯金はいくらあったらいいのだろう？　基本的には、三カ月から六カ月分の支出をカバーするだけのお金を流動資産の形で持っていることが望ましい。流動資産とはすぐに現金化できる資産で、普通預金や定期預金、ＣＤ（譲渡性預金）、一部の投資信託などがこれにあたる。

2. 保険

まず必要なのは、万が一の時に備えた生命保険だ。これは、家族が生活に困らないように充分に準備しておかなければいけない。その額や保険の種類は、あなたの年齢や収入、維持したい生活水準などによって異なる。生命保険のほかには、火災保険、賠償責任保険、医療保険など、緊急事態が起きて大きなお金が必要になった時に備えた保険が必要だ。

3．投資

投資には、変化する三つの要因がある。それは安全性と流動性、それに収益性だ。これらは一つが増えれば一つが減るといったように、相互に影響し合う関係にある。投資を選ぶ際には、この三つの要因を考慮して自分に合った投資を選ぶ必要がある。これは他人に決めてもらうわけにはいかないから、ぜひ自分でよく考えていただきたい。とくに安全性については、年齢や経済状態によってリスクの許容量が変わっていくことを頭に入れてよく考えよう。

お金持ちが選ぶ六つの投資先

1．自分のビジネス

世界の大金持ち、独力でお金持ちになった人の大部分は、自分でビジネスを始め、それを大きくすることで金銭的成功を手に入れている。つまり、お金持ちの多くは、お金を自分の会社につぎ込み、そこで大きく育てる。また、大企業の重役たちも、自分が勤める会社の株式を所有することで、自分のお金をそこで育てている。

最近、実業家、大学教授、ジャーナリスト、哲学者、会社重役などさまざまな職業の人たちを対象にニューヨークで行われた調査によると、**働いて貯めたお金が一〇万ドルあった場合、それを投資する先として一番いいと彼らが答えたのは「自分自身、または自分のビジネス」**だった。つまり、自分自身に投資して、そのお金を貯めるために自分がそれまでやってきた仕事の腕をさらに上げる、あるいは自分のビジネスに再投資してそれをさらに大きくするのが一番いいと答えた人が多かった。先ほど投資のところでお話ししたように、投資先を決める際には、自分がどれくらいのリスクを取れるかを考慮に入れなければいけない。一般的に言って、もし投資できるお金の額が一〇万ドル以下だったら、確かに自分自身か自分のビジネスに投資するのが一番いいかもしれない。

ビジネスを新たに始めそこに投資することについては、次の章から先でくわしくお話しする。

2. 収入を生む不動産—賃貸不動産や転売用不動産

アメリカのお金持ちの投資先として、ビジネスの次に多いのは不動産だ。ビジネスで稼いだお金を、不動産投資に回す例も多い。

マンションの一室から一軒屋、商業ビル、アパート一棟、工場用地、ショッピングセンターなど、賃貸用不動産のすべてがこのカテゴリーに含まれる。また、あまり状態のよくない物件を買って、修理して転売するというのも、比較的短期で収入を手に入れる不動産投資の方法の一つだ。

確かに、不動産はいい投資になり得る。だが、それを成功させるのは容易ではない。「楽に手に入るお金はない」とよく言われるが、どんな金銭的成功も楽に達成することはできない。とくに不動産投資は、本当に成功したいと思ったら、気軽な気持ちで足を踏み入れるべきではない。長期、少なくとも一〇年は投資先を変えない覚悟が必要だ。不動産投資は長期の投資で、考える時間もそれだけ長くとらなければいけない。

3．長期に所有する不動産─開発待ちの更地

これは、**成長が見込まれる都市の近郊の土地を買い、開発の波がそこまでやってきた時に、高い値段で売る方法だ。**買った値段の数倍の値段で売れることもある。更地買いをする際に考慮す

べきポイントは、水と交通の便と近くの人口密集地だ。水を確保できない土地は決して開発されないし、幹線道路が通るか通らないかがその土地の価値を左右する場合も多い。また、近くに人口密集地があれば、その人たちにサービスを提供するための土地が必要になる可能性が高い。価値が上がることを見込んで更地を買う場合は、将来の可能性をよく見極めなければいけない。

4. 流動性のある投資

CDと呼ばれる譲渡性預金やマネーマーケット（短期金融市場）など、利子のつく流動資産への投資も、お金持ちがよく利用する投資方法だ。一般にお金持ちは投機的な投資先よりも、慎重に選ばれた堅実な投資先を好む。彼らは長い時間をかけてお金を稼ぎ、富を維持することを目的に投資する。政府発行の債券も安全性と流動性の点から、慎重な投資家に好まれる。

5. 株式・債券

お金持ちは質のいい株式や債券に投資し、たいていは長期に保有する。彼らは慎重に銘柄を選び、割安な値段で購入する。そして、短期の株価の変動に惑わされず、長期に持ち続ける。ウォーレン・バフェットはこのタイプの投資家のいい例だ。

投資を始めるのは、万一に備えて保険に入り、三カ月から六カ月分の支出をカバーするだけの貯金を確保して、ファイナンシャル・プランの二つの柱をしっかり築いてからだが、、その投資を考える時、最初にチェックしたいのが株式市場だ。証券会社や銀行などはあなたが株式市場に投資するのを助けてくれる。証券会社や銀行を通してあなたは個々の会社の株や投資信託を売ったり買ったりできる。

株を始める前に知っておきたい八つの常識

①一般の投資家が投資するのは普通株

私たちが見聞きする株式市場情報の大部分は、普通株と呼ばれるものに関する情報だ。普通株を買うのは、その会社の一部を所有するのと同じことだ。その所有権は会社のリスクと利益を分かち合うことを意味する。たとえば全部で一〇〇万株を発行している会社の株を一株あなたが持っていたとすると、その会社の利益、あるは損失の一〇〇万分の一をあなたが受ける、あるいは被ることになる。

②取引には売り手と買い手が必要

あなたが株式を買いたいと思ったら、そこには売りたいと思っている人がいなければならない。株の売買は、その株価が下がる、あるいは少なくとも上がらないと見込んで売ろうとする売り手と、株価が上がると見込んで買おうとする買い手がいてはじめて成立する。つまり、売り手と買い手はお互いの見込みに「賭けて」いる。

③インデックスファンドは八割がた勝つ

投資信託の代表的なものに「インデックスファンド」と呼ばれるものがある。株価指数に連動するファンドで、株式市場全体の動きを反映する。よく言われるが、一〇のケースのうち八は、インデックスファンドの方が証券会社や投資信託運用会社の腕利きのファンドマネジャーの業績に勝る。

④専門家のアドバイスは単なる予想

株価は「これは上がるのでは……」という買い手の期待によって決まる。新しい情報が入るたびにこの期待は変化し、株価もそれに従って変化する。だからその動きを予想するのはとてもむずかしい。一週間に四〇時間から六〇時間を費やして株式市場を分析している専門家たちのアドバイスも、半分以上がはずれると言われている。彼らのアドバイスも単なる予想にすぎないことを忘れないようにしよう。

⑤株式への投資には時間とエネルギーが必要

必ず上がる銘柄を選ぶのは不可能だが、**少なくとも大きな間違いを犯さないようにするためだけでも、多くの時間とエネルギーが必要だ。**幸いなことに、今の時代はインターネットを使って前よりずっと速く、簡単に多くの情報が手に入る。充分な下調べをしてから投資をするようにしよう。

⑥「逆張り」が有効なこともある

簡単に言うと、株価が下がっていてみんなが売っている時に買い、株価が上がっていてみんなが買いに走っている時に売るというのが「逆張り」だ。この方法は有効な場合もあるが、みんなと同じことをした方がいい場合もある。ここでも下調べがものを言う。

⑦愚か者が貧乏くじを引く

逆張りに並んで株式市場でよく知られるこの投資理論を簡単に言うと、どんな値段で株を買おうと、あなたより愚かでそれ以上の値段で買おうという人がいる限り、心配はいらないということになる。問題は、いつかは必ずこの愚か者がいなくなることだ。**最後に貧乏くじを引く愚か者にならないようにしよう。**

⑧証券会社は手数料で稼ぐ

証券マンは手数料で稼いでいる。あなたが売り買いする量が多ければ多いほど、彼らは儲かる。また、彼らは会社が売れと言ったものをあなたに売る。たいていの場合、彼らは自分が他人に勧めている株式や投資信託についてほとんど何も知らないと思っていい。その人が投資についてどれくらい知っているかは、個人的にどれくらい投資しているか、どれくらい儲けているかを聞いてみるとよくわかる。

成功を収めた投機家の経験から学ぶ

二〇世紀半ばに活躍した、有名な投機家バーナード・バルーチは著書"My Own Story"で、自分が経験から学んだ教えとして次のようなことを挙げている。

株式投資で成功するための一〇のルール

①フルタイムの仕事として株式投資をするのでない限り、投機的な売買はしない

どんな選択をするにしても、それが週に四〇時間から六〇時間を株式市場の分析にかけている「専門家」を相手にした賭けであることを忘れないようにしよう。

②「内輪の情報」や、「取っておきの情報」に注意する

株式市場でお金を「損する」確実な方法は、何を言っているのか自分でもよくわかっていない人からの情報を頼りに投資することだ。これは相手がタクシー運転手など見ず知らずの人であっても、あるいは親しい友人であっても同じだ。

③株を買う前にその会社について徹底的に調べる

株を買う前には、あせらずじっくり時間をかけ、感情的にならず客観的に、その会社の経営陣や競争相手、収益、成長の可能性などを調べよう。

④底値で買って天井で売ろうとしない

いくらになったら売るかあらかじめ決めておき、その値段になったら、それ以上欲を出さずに売ろう。インターネットでの株取引ではこのような設定が簡単にできる。いくらかでも常に値上がり分を回収していれば、決してお金はなくならない。

⑤損切りをする方法を学ぶ

人はだれでも間違える。株式投資でも、間違えたと思ったら、損をすばやく切り捨てることが必要だ。相場が不利な方向に向いた時に損切りをする「ストップ・ロス・オーダー」は、損を最小限に抑えるための大事な投資戦略だ。

⑥あまり多くの種類の株式を買わない

数が多くなると目が届かなくなる。**少数の株を注意深く見守るようにした方がいい。**投資の多様化は確かにリスクを減らすが、その一方で、一つの株の値段が大幅に上がった時に大きな利益を得る可能性も減らす。

⑦持っている株式を定期的に見直す

さまざまな状況の変化が投資の将来性に影響を与えていないか、定期的にチェックしよう。「もしこの株をまだ買っていなかったとして、いま手元にある情報がわかっていたとしたら、同じ株を買うだろうか？」と自分に聞いてみて、答えが「ノー」なら、その株は売り時かもしれない。

⑧税金のことをいつも頭に入れておく

株の売却益に課される税金を忘れないようにしよう。肝心なのは税引き後の収益だ。株の売買のタイミングと税金との関係をよく調べよう。

⑨全財産を投資に回さない

常にある程度の額は現金、あるいはすぐに現金化できる状態でとっておこう。そうすれば、緊急時の備えにもなるし、ほかにいい投資のチャンスがあった時にすぐ動くこともできる。

⑩よく知らないものには手を出さない

あれこれ手を出して、株のよろず屋にはならないようにしよう。たいていの場合、自分が興味を持っている、あるいはよく知っている分野に的を絞り、一つの会社を選んでさらによく調べて投資をした方が成功の確率は高い。

6．そのほかの投資先

以上五つのほかに、次のような投資先がある。

①貴金属

金、銀をはじめとする貴金属の市場は非常に動きが激しくリスクが大きい。これらに投資することを考えている人は、充分な注意が必要だ。そこで投資をしている人の中には海千山千の人が多いから、私は貴金属への投資には手を出さないことをお勧めする。

②骨董品・蒐集品

ペルシャ絨毯やコイン、切手、バービー人形など、骨董品や蒐集品も投資の対象になり得る。確かに中には価値の上がるものもあるが、下がる場合も多い。こういった品物の取引で一番儲けているのは、プロの売り手だということを忘れないようにしよう。その道のエキスパートでない限り、投資としてこういったものを買うのはお勧めできない。

③ボロ株

日本ではボロ株、ゴミ株、アメリカでは「ペニーストック」などと呼ばれる、取引量の少ない安値の株式に投資する人もいるが、こういった株の八割から九割は、元の値段まで戻ることはまずない。だから、だれかがうまいボロ株の話があると電話をかけてきたら、すぐに切ってしまう方がいい。

④商品相場

商品相場について耳にすることも多いと思うが、この市場は最大の賭けだと言っていい。たくさんの腕利きのトレーダーが毎日この市場で損をしている。フルタイムで商品相場をやり、しかもそれについて学ぶ前にかなりの損をするだけの余裕がない限り、この市場には近づかない方がいい。

リスクを最小限に抑えながらお金を着実に増やす

どんな種類の投資にも通用する大原則は、「損をしない」ということだ。ばかげた投資をして汗水たらして稼いだお金を損するより、少なくても確実に利子のつく口座に入れておいた方がましだ。**お金持ちはたいていお金に関して保守的だ。借金は低く抑え自分のお金を慎重に扱う。そして、リスクを最小限に抑えながらお金を着実に増やす方法はないか、常に目を光らせている。**

お金持ちがやっていることを知り、そこから学ぼう。自分で道を切り開き、先頭に立って歩いている人のあとに続こう。お金持ちになるための最初のステップはお金を稼ぐことだ。そして、二番目のステップは稼いだお金をしっかり持っていること、損をしないことだ。大事なのはいくら稼ぐかではなく、いくら持ち続けることができるかだということを忘れないようにしよう。

自分らしくお金持ちになるための70の習慣③

15. 「財形貯蓄用」口座を新たに開き、まず三カ月から六カ月分の支出をカバーできるだけのお金を貯め始めよう。
16. 保険会社の人から、自分に必要な保険の種類・保険金の額について説明をじっくり聞こう。
17. インターネットで株取引をする口座を設け、まず短期金融市場、次に投資信託といったように堅実なところから慎重に投資を始めよう。
18. 普通株を買う時には、充分に事前調査をしよう。そしてまず、自分が「これは」と思った業種の会社の株を一〇〇株ほど買うことから始めよう。

19. 将来のためにしっかりした経済的基盤をつくりたいと真剣に思っている人を対象に書かれた雑誌や新聞を定期購読して、常に最新の情報を手に入れよう。

20. 不動産投資のためのお金を貯め始めよう。不動産は、自分の家から車で簡単に行ける距離にあるものをまず選ぼう。

21. まだ自分自身のビジネスを持っていない人は、それを起こすことを常に考えよう。

「未来はいくつか名前を持っている。
弱者にとっては『不可能』。
臆病者にとっては『未知』。
考え深く勇気のある者にとっては『理想』」

――**ビクトル・ユーゴー**

第4章

Start with Nothing

"The grass is not in fact always greener on the other side of the fence. Not at all. Fences have nothing to do with it. The grass is greenest where it is watered."

-W. Somerset Maugham

ビジネスを始める

「垣根の向こうの隣家の芝生の方が緑が濃いという諺は、
実際のところまったくあたっていない。
芝生の元気のよさは垣根のどちら側にあるかには関係ない。
水をしっかり与えられている場所の芝生の緑が一番濃い」

W・サマーセット・モーム

起業家に一番必要なのは経験

ある統計によると、アメリカで新しく起こされたビジネスのうち八〇パーセントは二年以内に、一〇から一五パーセントは四年以内に失敗して姿を消す。つまり、自分の蓄えを全部つぎ込み、さらに家族や友人から集めたお金や、二年から四年の貴重な時間を投資した挙句、無一文になる人がそれだけいる。人がビジネスを始めようとしない大きな理由は、失敗してお金を失うのが怖いからだ。そして、この統計からもわかるように、多くの場合、その恐怖が現実のものになる。

この統計をもっと詳しく見ると、開業から二、三年のうちに失敗するビジネスの多くが、経験のない人が始めたビジネスだということがわかる。おそらく、ビジネス経験のない人が始めたビジネスはその九九パーセントが最初の二、三年で失敗すると言っていいだろう。その理由は簡単だ。経験のない人はセールスの方法も、利益を生み出す方法も、製品やサービスを顧客に届ける方法も、人の雇い方やこの競争の激しい市場で勝ち残るための会社経営の仕方も知らないからだ。アイディアや情熱、夢はあっても、ビジネスを維持し、成長させるためのノウハウを知らない。それを身につける唯一の方法は経験を積むことだ。

ビジネスの成功に必要なものは、仕事の現場で学べる

ビジネスの世界では、運がよければ成功するというものではない。ビジネスで成功するには経験と知識が必要だ。知識とスキルと応用力を身につける必要がある。ありがたいことに、それらはすべて学ぶことで習得できる。いまビジネスで成功している人も、みんなはじめは知識も経験もなかった。学習と実践によってそれを身につけていったのだ。彼らにできたことがあなたにできないはずがない。

ビジネスの成功に必要なものを身につけるための最良の方法は、仕事の現場で学ぶことだ。ビジネスを成功させている人の大部分は、まず他人のために働き、そこで自分のビジネスに必要な訓練や経験を身につけた。これは「安上がり」な方法でもある。なぜなら、現場で学ぶには試行錯誤を繰り返さなければならないが、あなたが犯した間違いから生じたコストは、あなたの雇い主がかぶってくれるからだ。おまけに、給料までもらえる！

五年以上のビジネス経験を持つ人が始めたビジネスの九〇パーセントが成功していることを忘れないようにしよう。だが、ほとんど経験がないからといってあきらめる必要はない。アメリカで独力でお金持ちになった人は、金銭的な成功を収めるのに必要なスキルや経験を身につけるま

でに、平均して三回から四回はほとんど破産状態になっている。お金持ちになるまでにはいい時も悪い時もあることを覚悟しよう。それは「その他大勢」から抜け出るためにあなたが支払わなければならない代価の一部だ。

ビジネスの成功に必要な五つの能力

業種にかかわらず、ビジネスを成功させるためにあなたに必要な能力は五つある。これらはあなた自身がビジネスを始め、それを成功させるための鍵であると同時に、いま勤めている会社に対してあなたが最大の貢献をするための大事な鍵でもある。これらのスキルはどれも仕事の現場で学べる。

①計画を立て、実行し、結果を出す

五つの能力のうち、一番大事で、給料に大きな影響を与える能力がこれだ。計画に従って行動し、**結果を出して、その結果に対して責任を持つことは、しっかり仕事のできる人間の証となる。**常にこう自問しよう――私はどんな成果をあげることを期待されているのか？　どんな成果をあげればこの会社の成功に貢献できるか？　私の能力をどう伸ばした

らこの会社の成功に貢献できるか？

自分でビジネスを始めた人にとっても、他人の会社に勤めている人にとっても、ビジネスにおける成功の鍵は、支払い以上の仕事をすることにある。常に余分の仕事を喜んでやることを心がけよう。いつも給料以上の仕事、上司から命令された以上の仕事をやるようにしていれば、将来あなたの力となってくれる人たちが注目するようになる。そして、要求された仕事をこなすだけの平均的なビジネスマンには閉ざされているチャンスの扉を自分の手で開けることができるようになる。

②マーケティングとセールス

ビジネスを成功させたいと思っているあなたには、**人とコミュニケーションをとり、相手を説得して物やサービスを売る能力が必要だ**。どんなビジネスでも成功の最大の原因は高い売り上げにあり、失敗の最大の原因は低い売り上げにある。会社の売り上げとキャッシュフローに大きな貢献ができれば、それだけ社内でのあなたの重要性が増す。今日から、「効果的なセールスの方法を学ぶぞ」と心に決めよう。そして、本を読んだり、セミナーや講座に積極的に参加するようにしよう。人前での話し方を学ぶ教室に通うのもいい。セールスのチャンスを自分で探したり、セールスに関わらせてもらうよう会社に頼むのも一つの手だ。

お金に関することだけでなく個人的な生活も含めて、人生の成功のうち八五パーセントは他の人とうまくやっていく能力にかかっていると言える。適切な質問をし、その答えにしっかり耳を傾ける能力、また効果的なプレゼンテーションをして人を納得させ、協力させる能力を身につければ、それだけ外の世界に対するあなたの影響力が強まり、あなた自身の価値も上がる。

③有能なチームを作る

ビジネスの成功には、適切な人材を選び有能なチームを作る能力が欠かせない。目標を達成するために複数の人を一緒に働かせる能力は、会社で昇進するために一番大事なスキルと考えられている。『フォーチュン500』に名を連ねる一流企業のCEOの大部分は、部下など一人もいない、平社員として働くところから始めている。そして、はじめは一人を相手にどのようにうまく対応するかを学び、それからだんだんに部下を与えられ、さらにはチームを作って会社に大きな貢献をする大事な仕事を任されるようになった。チームでうまく働ける人は、より多くの責任を任され、給料も上がり、地位も上がる。そして、いずれは役員になり、会社のトップに立つようになる。

④上手に交渉する

ビジネスのためだけに限らず、あなた自身のためにも、交渉上手になることはとても大事だ。そうでないと、相手の言うなりになってしまう。**ビジネスで成功している人たちはみんな交渉上手だ。**売る時にはできるだけ高く売り、買う時にはできるだけ安く買うための交渉術を心得ている。彼らは仕事仲間や仕事相手と駆け引きし、問題をうまく解決する能力を身につけているし、金融機関からローンを借りる時や、業者から仕入れる時の条件の交渉の仕方も心得ている。

交渉で一番大事なのはおそらく「頼んでみる」ことだろう。自分が欲しいものを一応要求してみて、それに対して返ってきた答えが気に入らなかったら、別のものはどうか聞いてみる。値段を安くできないか聞くのもいいし、レストランでもっといい席に移れないか聞くのもいい。自分の欲しいものが手に入らないか、常に聞く癖をつけると、人生のどんなことにも応用できる交渉術が身につく。

⑤数字を理解する

会計、融資、コストなど、数字に関することに強いと、ビジネスを成功させる役に立つ。どんなにたくさん物やサービスを売っても、ビジネスに関わるこれらの数字を扱えないばかりに結局は損を出してしまう人はたくさんいる。概して起業家は物事を概念的にとらえがちで、数字などの細かいことに注意を払わず、人や製品、セールスに焦点を合わせがちだ。財務管理は専門家からほんの少し指導を受け、実務経験を積めば、比較的簡単に学べるスキルだ。そのスキルを身につけ、自分で財務報告書を読んで理解できるようになったら、あとは簿記係や会計士を雇って数字を見張っていてもらえばいい。

あなた自身が会計のエキスパートになる必要はない。だが、最低、財務諸表の読み方、総収入と純収益の違い、固定費用と変動費用の違い、受取勘定と支払勘定の管理の仕方などは知っておかなければならない。とくに大事なのはキャッシュフローの管理だ。ビジネスの成功と失敗を分ける鍵はキャッシュフローにある。

投資する前によく調べる

仕事場でスキルと経験を身につける一方で、自分が本当に興味を持てるビジネスを見つけるためにいろいろなビジネスの情報を集め始めよう。ビジネス関係の雑誌を購読し、新聞のビジネス・経済のセクションは隅々まで読もう。ビジネスの世界にひたることが大事だ。そうしているうちに、アイディアが浮かんだり、気になる記事が目についたりして、あなたの一生を変えるようなチャンスがみつかるかもしれない。

好きなビジネスを選んだら、お金や時間を投資する前にまずあなたがやるべきことは、そのビジネスについて細かいところまですべて学ぶことだ。あなたが提供したいと思っている物やサービスが顧客にどんな意味を持っているかよく理解し、彼らがそれを買う理由、その商品に求めている価値、顧客の生活はその商品によってどんなふうに向上するのか、などを理解するためにじっくり時間をかけよう。また、その商品を市場に出すまでの開発、生産、販売、流通、支払いの方法、ビジネスの経済的側面、利益と損失について理解することも大事だ。もう一つ大事なのは競合会社、競合製品について知ることだ。顧客にほかの会社の製品ではなく、あなたのところの製品を買いたいと思わせるにはどうしたらいいだろうか？

起業家として成功するための五つのルール

起業家とは、問題を見つけ、それを提供することで利益が得られるような解決法を考え出せる人だと言える。成功している起業家、あるいはビジネスパーソンは、何か問題を見つけ、他人より早くその解決法を見つけた人だ。起業家として成功するには次のような五つのルールがある。

①ニーズを見つけてそれを満たす

人間の要求、欲求は限りない。したがって、起業家精神を持った人が成功するチャンスにも限りがない。**ビジネスチャンスをあなたから遠ざけているのは、唯一、あなたが自分自身の想像力に加える制限だけだ。**ＩＢＭに勤めていたロス・ペローは、顧客の不満から思いついたアイディアを会社に却下され、会社を辞めた。そして、そのアイディアをもとにデータプロセス会社を作り大富豪になった。

②問題を見つけてそれを解決する

多くの顧客が抱える問題でまだ解決されていないものがあれば、そこには必ずビジネスチャンスがある。今オフィス用品としておなじみの修正液は、アメリカ・ミネソタ州の小さな会社の秘書をしていた一人の女性が、小麦粉とマニキュア液をまぜて使っていたのがもとになっている。同僚に好評で彼らのために作ってあげているうちに「顧客」が増え、結局は仕事を辞めてその製造に専念するようになったのが製品化のきっかけだった。この会社は後に独・ジレットに四七〇〇万ドルで売却された。

③顧客にフォーカスする

ビジネスの成功の鍵は顧客に焦点を合わせることだ。顧客のことが頭から離れない……というくらいでいい。顧客のニーズ、要求に敏感になろう。顧客が喜んでお金を払おうとするのはどんなものか、抱えている問題は何かを考えるといい。大規模小売店ウォルマートの創立者で大富豪のサム・ウォルトンはこう言っている。

「私たちのボスはただ一人、それは顧客だ。顧客はどこかほかの店に行くだけで、いつでも好きな時に私たちを首にできる」

④時間と労力を投資する

問題の解決策となるアイディアが見つかり、ビジネスを始めようと思ったら、まずお金ではなく自分の時間と才能とエネルギーを投資しよう。独力でお金持ちになった人の大部分は、最初はお金も、資源もサポートもなく、ただ自分の情熱と労力をつぎ込んで、だれかが買ってくれそうな物やサービスを生み出した。ビジネスを始めるのにお金ではなく、「汗の資産」をつぎ込もう。

⑤小さく始める

大きな成功の前には小さな成功が必要だ。高い値段でたくさんのものを売るためには、まず安い値段で少しのものを売るところから始めなければいけない。小さな成功を積み重ねてあなたのセールスの腕が上がれば、それだけ大きな成功に近づける。フリーマーケットやガレージセールを回って集めた品物を、自宅のガレージセールで少し高く売るだけでもセールスの方法が学べるし、人とのコミュニケーションや交渉の仕方もマスターできる。

手軽に始められるものからやってみる

勝利を手に入れる唯一の方法はやってみることだ。そして、失敗して、そこから学ぶことだ。ビジネスで成功するための方法は実践につきる。実際にやってみて、時間や労力を代価として支払わなければ、成功のために必要な経験は得られない。ビジネスの基本的スキルを学ぶために必要な時間を喜んでつぎ込もうという人でなければ、その代価を喜んで支払おうという人に決して勝てない。おそらく、いま働いている人の九五パーセントは、自分のビジネスを起こすだけの能力を持っている。それを実際にやるために必要なのは、はじめの第一歩を踏み出すこと、つまりスキルを身につけ、やってみることだけだ。

ビジネスの成功の基本は一連の方程式、いわば料理作りのレシピの組み合わせにある。その方程式やレシピはすべてだれでも学ぶことが可能だ。レシピを学ぶために手軽に始められるビジネスとしては、ネットワークビジネス、通信販売ビジネス、インターネットビジネスなどがある。どんな種類のビジネスにも、プラスとマイナスの面がある。自分がつぎ込むことのできる労力、時間、お金などの量を見極めて、自分に合ったビジネスを探してチャレンジしてみるのも一つの方法だ。ただし、どんなビジネスをやるにしても、事前によく研究することと、小さく始めることを忘れないようにしよう。

失敗の最大の理由は、経営者の無能、無知

ビジネスが失敗する最大の理由は、経営者の無能、無知にあることを忘れないようにしよう。

つまり、経営の責任者が間違った決定を下したり、間違った投資をしたりして、なかなか取り戻せない損が生じ、それがビジネスの失敗につながる。あなたの会社はそんなふうにならないよう

にしよう。ビジネスを始める前には、あせらず、充分に時間をかけて、それを成功させるために必要なことをできる限りたくさん学ぼう。始める前に投資した時間は、将来必ず見返りを与えてくれる。それも何度も繰り返して……。

ビジネスで成功するための七つのステップ

①具体的なファイナンシャル・ゴールを決める

具体的なゴールを決めたら、それが達成された状態を心に思い描こう。そして、心のスクリーンに何度もそれを映し出そう。そのイメージがはっきりしていればいるほど、思い浮かべる回数が多ければ多いほど、その時間が長ければ長いほど、実際にゴールにたどり着くためにあなたに必要な人々や環境、アイディア、その他のものが早く手に入る。

②すぐれた商品を提供する

高品質で価値の高い製品やサービスを提供することであなたが満たせるニーズ、解決できる問題はないか探そう。ビジネスの成功は、どこかしらほかよりすぐれた点を持っている製品やサービスから生まれる。市場にすでに出ているものよりすぐれた点のない製品やサービスを売るために時間を無駄にするのはやめよう。

③小さく始めてゆっくり大きくする

小さいところから始め、じっくり時間をかけて、そのビジネスについてよく知ろう。あせってはいけない。とくにビジネスを始めたばかりの時は、お金よりも時間を投資することが大事だ。起業はお金を貸してくれるところを探すことから始まると思っている人が多いが、これは間違いだ。実際、家族や友人から借りたお金を使ってビジネスを始めたり、規模を大きくしたりする人は多いが、このお金は出してもらうまでは大変だが、なくすとなると簡単だ。小さく始めれば、そんなお金は必要ない。

④投資する前に試してみる

マーケティングとセールスの成功の秘訣は「試してみる」の一言につきる。実際にやってみて、間違いを犯したらそこから学び、間違いを正しながら前進する粘り強さが大事だ。新しいビジネスアイディアのうち九九パーセントはうまくいかないし、ビジネスで何かやろうとするとその九割は期待通りの結果にはならない。だから、いくらいいアイディアだと思っても、すぐに全財産をつぎ込むのではなく、少ない資金で試してみて、学習と経験を積みながらだんだんに投資額を増やしていくのがいい。

⑤利益を使ってビジネスを大きくする

ビジネスを大きくするのは、それが順調に進んで利益が出てからにしよう。そして、外からお金を借りるのではなく利益を再投資しよう。概して、限られた資本で始められたビジネスの方が成功の可能性が高い。それは、資金が限られていると、それだけ想像力や創造性を働かせることになるし、売り上げや利益を増やそうという意欲も強くなるからだ。最初から銀行にたっぷりお金があったり、資金を出そうという友人や家族をあてにしていると、お金のかかることをやるのにあまり考えないで決断を下したり、むやみに広告費にお金をかけたりしてろくなことにならない。

⑥慎重に人を選ぶ

とくに、ビジネスを大きくする際に手伝ってもらう人を選ぶ時には慎重にしよう。生産性は人によって決まる。マーケティングやセールスも、要となるポジションにどんな人間を置くかによって決まる。重要なポジションに一人でも不適任者がいると、その人のせいでほかの人のやる気が失われる。大事なのは、人を雇う時には慎重に、時間をかけて選び、首にする時はさっさとすることだ。

⑦レバレッジを利用する

家族や友人のお金をあてにするのはよくないが、銀行からの貸し付けは大いに利用しよよう。銀行は、あなたの会社のキャッシュフローを基準に融資をするかどうかを決める。あなたのビジネスのゴールは、まず継続的なプラスのキャッシュフローを生み、次に、売り上げの変化の緩衝材となるだけの予備の現金を蓄えることだ。そうすれば、銀行はあなたがきちんと利子を払ってくれて、元本も返してくれると信用して、必要なお金はいくらでも貸してくれるようになる。

行動してチャンスをつかむ

ビジネスで成功している人の中には、自分が思ってもいなかったような分野で成功した人がたくさんいる。最初に始めたビジネスは思ったほど利益があがらなかったが、柔軟性を持って方向転換をし、それまで培った経験とやる気をまったく違った分野につぎ込んで成功した人たちだ。

ビジネスを成功させるために一番大事なのは、始めること、行動を起こすことだ。そのあとは一歩ずつ前進し、前に進みながら学び、成長していけばいい。情報があふれる今の社会では、どんな分野でも、成功するのに必要な情報が充分に手に入る。**肝心なのは行動し、始めること、そして、行動し続けることだ。**どんなビジネスも、成功を信じる心と勇気、未知の世界への思い切った飛躍で始まる。

人が行動に移るのを押しとどめるのは失敗に対する恐怖だ。失敗に対する恐怖はあなたの潜在能力と行動にブレーキをかける。恐怖に自分を支配させないようにしよう。

自分らしくお金持ちになるための70の習慣④

22. いますぐ行動を起こそう。登記など必要ない個人事業でいいから、今日、いまから自分のビジネスを始めよう。
23. お金がたくさんあって何でもできるとしたら、どんなビジネスをやりたいか考えよう。そして、まずその業種について調べることから始めよう。
24. ビジネスを起こし成功させるために必要なスキルを学び始めよう。計画を立て、今日からそれを実行に移そう。
25. あなたが好きで、自分でも買いたいと思う物やサービスで、あなた自身が他人に提供できるものはないか考えよう。胸を張って提供できるような品質の高いものを探すことが大事だ。
26. いまあなたがやっている仕事を振り返り、仕事場で学べる新しいスキル、あるいはセミナーなどで学べるスキルがないか考えよう。今の仕事を将来の成功のための足がかりにしよう。

27. いまの職場、あるいはあなたが起こしたいと思っているビジネスで、より大きな成果をあげるために経験が必要と思われる分野を見つけよう。そして、そのうち少なくとも一つの分野について、経験を積むことを今日から始めよう。

28. ビジネスチャンスを常に探そう。起業家精神を養い、ニーズのあるところ、問題の解決策が求められているところに敏感でいよう。最初の百万ドルを作るのにあなたに必要なのはたった一つのアイディアだ。

「自分の道を見つけると心に決めている人は
いくらでもチャンスを見つけられる。
もし、すぐに利用できるチャンスが見つからなければ、
彼らは自分の手でそれを作り出す」

——サミュエル・スマイルズ

第5章

Build Your Own Business

"Don't wait for extraordinary opportunities. Seize common occasions and make them great. Weak men wait for opportunities; great men make them."

-Orison Swett Marden

ビジネスを成功させる

「大きなチャンスが来るまで待つな。
月並みなチャンスつかみ、
それを自分の力で大きなチャンスにしろ。
弱い人間は大きなチャンスを待ち、
偉大な人間はそれを作り出す」

オリソン・スウェット・マーデン（成功哲学の始祖と言われる人）

競争相手に差をつける三つのポイント

前にも言ったように、新しく立ち上げられたビジネスの多くが失敗する最大の理由は、ビジネスを始めた人たちの能力がどこか欠けていることだ。そして、もう一つの大きな理由は、**間違った製品あるいはサービスを、間違った値段で、間違ったマーケットに向けて、間違ったタイミングで提供することだ。**いま挙げた四つの「間違い」全部がそろっていなくても、いくつかが組み合わさって失敗するビジネスは多い。だからこそ、マーケティングが重要になってくる。

新しく市場に参入して成功するには、提供しようとしている製品あるいはサービスが競合製品より優れた点を持っている必要がある。あなたの仕事は、同種の商品をすでに使っている顧客に対して、あなたの商品をより魅力的なものにする方法を見つけることだ。その際に押さえるべきポイントはコンビニエンスストアのコンセプトから学べる。

コンビニエンスストアは次の三つのコンセプトをもとに成り立っている。それは、①顧客により近い店舗で、②より長時間営業し、③人気のある商品ラインで絞り込んだ品を提供することだ。この三つの差別化ポイントを押さえることで、コンビニエンスストア業界はいまや大産業に成長した。

アメリカで「まったく新しい製品」やサービスを売り出した場合の成功率は一〇パーセントだと言われる。一方、既存のものに「何らかの改良を加えた製品」の場合はそれが八〇パーセントに増える。可能性が八倍になるというのは、成功と失敗を分ける大きな鍵になるのではないだろうか？

売れる製品・サービスを探す一五の方法

さて、ここまで読んできて、あなたがいよいよ「自分でビジネスを始めよう」と決心したとしよう。問題は何を売るかだ。既存の製品やサービスの八〇パーセント以上が、五年以内に新しいものに取って代わられたり、違うものに変化すると言われるいまの時代に、ビジネスを成功させるための新しい商品を見つけるにはどうしたらいいだろう？

1．自分の得意、好きなものから始める

まず自分を振り返ろう。自分の持っている才能や能力、経験、知識、興味、教育、いま勤めている会社でやっている仕事、すでに自分でやっているビジネス、そこで扱っている製品やサービス……こういったことを見直し、新しいビジネスに応用できる

ことはないか探してみよう。

2. 夢中になれるものを探す

自分が本当に夢中になれる製品やサービスを探そう。人が一番成功するのは、自分が本当に好きなことをやったり、売ったりしている時だ。どんな製品やサービスを提供する場合でも、ビジネスを成功させるためには、その商品を心から愛し、それを顧客に届けることに意義があると強く信じることが必要だ。

3. 既存商品をよりよいものにする

まったく新しいものを作り出すのではなく、既存商品をよりよいものにする、あるいはより安く提供できるようにすることを考えよう。これは成功への近道であると同時に一番確実な方法でもある。ある程度の市場を獲得するのに必要なのは、既存のものを一〇パーセント新しく、よりよいものにするためのアイディアだけだ。

4. 価値を提供できる方法を見つける

顧客の生活の質や仕事の質を上げるのに大きな役割を果たすような製品やサービスを探そう。楽に金儲けしようとしてはいけない。目新しいばかりで役に立たないものや、いかがわしいものには手を出さないようにしよう。顧客にとって本当に価値のある、きちんとした商品を見つけることが大事だ。

5. 目と耳を常に使う

新聞や雑誌の記事や商品広告、求人・求職欄などは丁寧に読もう。新しい製品やサービスを新たに売り出したいと思っている会社が、「ビジネスチャンス」と銘打ってそれを宣伝していることも多い。そういう広告の中で興味をそそられるものがあったら、少なくとも資料を取り寄せよう。

6. 業界誌を読む

大都市の図書館には業界誌を集めたコーナーがあるのでそれを利用してもいいが、できたら自分で定期購読して、毎月隅から隅まで目を通そう。そして、よさそうなアイディアが見つかったら、インターネットを駆使して情報を集めよう。新しいビジネスアイディアは、興味を持つ人を引きつけるために必ずどこかで取り上げられている。

7. トレードショーに行く

最近はいつでも、どこかで、いろいろな業界のトレードショーをやっている。業界向けのトレードショーの会場に入るのに必要なのは、名刺とわずかな入場料だけだ。会場内を歩き回って、出展している会社の人に話を聞こう。彼らはたいていその業界全体のこともよく知っているから、競争に勝つための貴重な知識も得られるかもしれない。

8. 友達に聞く

ビジネスを始めるための新しい商品のアイディアを探していることを友人に話して、あなたの「アンテナ」になってもらおう。彼らが出会う人、見るものがきっかけになって、アイディアが生まれるかもしれない。また、旅行中に見つけた新しい製品やサービスのアイディアを話してくれるかもしれない。

9．ビジネス関連雑誌を読む

ビジネスマンや起業家を対象とした雑誌も、新しい商品のアイディアやビジネスチャンスを見つけるのに格好の道具だ。とくに自分が興味を持っている分野を取り上げている記事は見逃さないようにしよう。

10．海外のものを国内で売る

外国の出版物は商品アイディアの宝庫となり得る。各国の領事館や商工会議所に、その国が世界に向けて輸出している商品のカタログなどが置いてあることがあるので、電話で問い合わせてカタログを送ってもらうのもいいし、インターネットで調べて、自分の国で独占輸入販売ができるものがないか探してみるのもいい。

11．身近なところを探す

新しい製品やサービスは案外身近なところ、たとえばすでにあなたが手がけている分野、持っているスキルの中で見つかるかもしれない。あるいは、あなたの頭の中にあるアイディアが一〇〇万ドルを生むアイディアだという場合もある！　こんなアイディアなんて……」と思わず、真剣に考えてみよう。

12．旅行中に見つける

旅行はビジネスチャンスを見つけるいい機会だ。ほかの土地でよく売れている製品やサービスで、あなたがビジネスをやろうとしている市場でまだ売られていないものを見つけるだけで、大きなチャンスが開ける場合もある。また、飛行機や電車でたまたま隣に座った人がビジネスチャンスを見つけるきっかけになることもある。

13．チャンスにはすばやく動く

興味を引かれる製品、サービスが見つかったら、すぐに行動に移ろう。まずは問い合わせること、そして、自分がターゲットとしている市場で売れることを確かめてから、本格的に時間とお金を投資しよう。

14．ビジネスチャンスに敏感になる

ビジネスチャンスはないかと常に目を見張り、顧客を作り出し、それを維持できるチャンスを見逃さないようにしよう。顧客が欲しがりそうな製品やサービス、顧客が集まりそうな場所を見つけよう。常にビジネスを念頭において自分の周りに起きていることに注意を払っていると、チャンスが見えてくる。

15. 自分が好きなもの、価値があると信じられるものを見つける

マーケティングやセールスで成功するためには、その製品やサービスを自分でも使い、気に入っていて、家族や友人にも勧めたいと思っていることが基本だ。売ろうとしている製品やサービスの価値をあなたが信じていなければ、それを他人に売るのはむずかしい。他人にぜひ使ってもらいたいと思えるような製品やサービスを探そう。

簡単マーケットリサーチ一二の方法

ビジネスを始める前には、ある程度の時間とお金をマーケットリサーチにかけなければいけない。そのためにかける時間とお金は、将来一〇倍の時間とお金の節約につながる。

マーケットリサーチを安上がりに、短期間でやるにはどうしたらいいだろうか? 多くの時間やお金を投資する前に、その商品が売れるかどうか確かめるにはどうしたらいいだろうか？

1. 下調べをする

商品やビジネスについて詳細を調べよう。同じ業界のほかの会社を訪れたり、同種の商品を売っている人、使っている人に会ったりして、話を聞こう。何事も頭から信じないで、確かめることが大事だ。

2. 雑誌の記事を読む

大きな図書館は雑誌の記事の検索システムを備えているところもあるし、インターネットを使ってもいい。自分がビジネスを始めたいと思っている業種、売りたいと思っている製品やサービスに関して書かれたものを読もう。**記事は五年前くらいまでさかのぼって読むといい。**

3. 他人の意見を聞く

あなたが目をつけている業界ですでにビジネスをやっている人を見つけ、話を聞こ

う。その人が「ビジネスを始めてよかった」と思っているかどうか、同じようなビジネスを始めることを他人にも勧めるかどうか、本音が聞ければとてもいい判断材料になる。

4. アイディアを他人に話すことを恐れない

「アイディアが盗まれるといやだから」と、人に話さないでいる人がよくいるが、これは実にばかげている。すでに同じ業界で活躍している人からフィードバックをもらえれば、それだけでも何十万ドルもの価値がある。たいていは、彼らは自分のビジネスを成功させるのに忙しいから、あなたのアイディアを盗んでどうこうしようなどという暇はない。

5. 銀行の担当者からアドバイスをもらう

銀行の融資の担当者は、ビジネスが成功するかしないかを嗅ぎ分ける鋭い嗅覚を持っている。私は銀行員からのアドバイスで起業を思いとどまり、損を逃れたことがある。**経験豊富な銀行員は、この競争の激しい市場であなたがビジネスを成功させるた**

めの最高の情報源となり得る。しかもそのアドバイスは無料だ！

6. 友達や家族から話を聞く

友達や家族、あるいは知人に、あなたが提供しようとしている製品やサービスを欲しいと思うか、いくらなら買うか、聞いてみよう。また、質問や批判、不安な点などがあったらどんどん言ってもらおう。質問に答えられなかったり、彼らの批判や不安に正当な理由があるとわかった場合は、あなたのアイディアに問題があるのかもしれない。

7. 顧客の意見を聞く

顧客として想定している人や会社を訪問し、その商品が売り出されたら、買うかどうか聞こう。将来の顧客はたいてい率直な意見を聞かせてくれる。千金に値するアドバイスがもらえることもある。小売店に卸すことを考えている場合は、あなたが予定している価格でそれを売ってもらえるかどうか聞こう。

8. 競争相手をチェックする

競合商品をすべてチェックし、「客がこの商品から私の商品に買い替えようと思う理由は何か？」と自問しよう。品質がよいからか？ 値段が安いからか？ その理由を見極め、より多くの顧客を引きつける方法を考えよう。とくに、競争相手で成功しているところのチェックは欠かせない。それよりもう一歩先を行くにはどうしたらよいだろうか？

9. 何でも疑ってかかる

簡単なマーケットリサーチの方法の一つは、懐疑的になることだ。何でも額面通りにとらないで、「本当だろうか？」「これでいいのだろうか？」と疑ってかかろう。**自分のビジネスプランに致命的な欠点がないか探してみると、必ずといっていいほど何か見つかる。**何か見つかったら、それを正す方向で建設的に動けばいい。

10. ビジネスを売ってくれるという話には注意する

ビジネスを売りたいという話が来たら、要注意だ。成功しているビジネスを売りたがる人はいない。売りに出されるビジネスはたいてい致命的な欠点を抱えている。表向きの理由を鵜呑みにしてはいけない。理由に納得がいく、あるいはいまの持ち主には見えないが隠れた可能性があなたには見える、という場合に限り買うことを考えてもいい。

11. 長期的に考える

ビジネスを始める前に、二〇年間経営し続けるつもりでそれを見直そう。長期的展望は短期的な決断能力を強化する。いまから二〇年間それを続けるつもりでビジネス自体や、売りたいと思っている製品やサービスを見直してみると、短期的なことを決める時でも、目先の利いた決定が下せる。

12. 否定的な考えにも耳を貸す

あなたのアイディアに否定的な考えを持っている人の意見にも耳を貸そう。そういう人たちの考え方はとても貴重だし、あなたが多くの時間とお金をムダにするのを防いでくれる。他人のビジネスに投資をしようとしている投資家になったつもりで自分のビジネスを見直してみると、そういう否定的な見方が見つかることもある。

市場をテストするための八つのステップ

多くの時間やお金を投資する前に、次のようなステップを踏み、あなたが売ろうとしている製品やサービスが本当に市場で売れるものなのかどうか、テストしよう。

①試作品・サンプルを作る

まずは試作品、あるいはサンプルを作るか、手に入れるかしよう。形のあるものの場合、人に見せたり触ってもらったりして、意見を聞くことが大事だ。

②試作品・サンプルを見せて回る

試作品・サンプルが手に入ったら、それをあちこちに持っていって人に見てもらおう。見せるだけでなく試しに使ってもらうと製品のよさが本当にわかる。

③コストと配達にかかる時間を知る

製品を納入してもらうためにかかるコストと配達にかかる時間を確認しよう。この二つは、試作品やサンプルを見て買いたいという人が出てきた時に、必ず必要な情報だ。

④買い手から意見を聞く

製品やサービスを買ってくれそうな人から意見を聞こう。それを使う顧客、あるいは小売店の仕入担当者といったように、購入をするかどうかを実際に決める人に直接コンタクトをとろう。

⑤客観的に見る

自分の商品を競合商品と比べてみよう。「ほかの商品でなく、自分の商品を買ってくれるのはなぜか?」と常に自問し、第三者の目で他の商品と比べよう。

⑥まずは一店あるいは一人の顧客で試す

限られた数でいいから、一つの店に商品を置かせてもらい、顧客の反応を見よう。あるいは、だれか一人の人に買ってもらい、使用後、率直な意見を聞こう。

⑦トレードショーなどで披露する

トレードショーに来た小売店の仕入担当者など経験豊かなバイヤーが、あなたの商品が売れるか売れないかを教えてくれる。もちろん、彼らの判断が間違っている場合もあるが、専門家の目から見た意見は必ず参考になる。

⑧家族や友人に聞く

家族や友人に、その商品が市場で売られるようになったら買うかどうか聞こう。もし「買う」と言ったら、実際に注文してもらい、お金を払ってもらおう。それで、彼らが本当にあなたの商品がいいと思っているかどうかがわかる。

ビジネスチャンスはどこにでもある

利益を生むビジネスを起こすにはいくつもの方法があるが、商品を売る場合、基本的な方法は二つだ。一つは、ほかの場所から既存商品を持ってきて、あなたがターゲットとしている既存の市場で売る方法、もう一つは新しい商品を作り出し、既存の市場で売る方法だ。どちらの場合も最高の戦略は薄利多売にあることをよく覚えておこう。

いまの時代ほどビジネスチャンスがあふれ、それが多くの人に与えられている時代はかつてなかった。あなたが自分の想像力を限りなく膨らませれば、目の前に開ける可能性も無限になり得る。

自分らしくお金持ちになるための70の習慣⑤

29. それを作ったり売ったりすることに、自分が本当に夢中になれる製品やせービスを探そう。ビジネスに対するあなたの個人的な思い入れが成功を生む。

30. 市場を見渡し、満たされていないニーズ、解決されていない問題で、あなたが解決できそうなものはないか探そう。解決方法は、新しい製品やサービスを開発するのでもいいし、既存のものに何か付加価値をつけるのでもいい。

31. あなたのアイディアをもとにした製品やサービスについて、他人からできるだけ多くの意見を聞き、それが売れるものかどうか確かめよう。欠点の指摘や辛口の意見にもよく耳を傾けよう。その中に真実や改良へのアイディアが含まれているかもしれない。

32. 自分が提供したいと思っている製品やサービスの業界雑誌で、よく売れているものを何冊か定期購読しよう。そして、ビジネスチャンスを見つけたら、詳細情報を取り寄せよう。アイディアは多ければ多いほど成功の可能性が増える。

33. インターネットを使って、自分の興味のある業界のトレードショーを見つけ、行ってみよう。展示会場ではいろいろな質問をして、あなたのビジネスの将来の可能性を探そう。

34. 多くの時間とお金を投資する前に、じっくりとビジネスプランを立てよう。どこから売り上げが入っているか、そのためのコストはいくらで、いくらの利益が出るかを見極めることが大事だ。

35. ビジネスを成功させるためにやたらにあれこれやったり、お金を次々につぎ込んだりせずに、知性と想像力を使うことを習慣にしよう。

「何にでも耳を傾ける気持ちと、何でも喜んでやろうという意欲があるところには、常に新たな開拓の可能性がある」

チャールズ・F・ケタリング

第6章

Market and Sell Anything

"Marketing is the whole business seen from the point of view of its final result, that is, from the customer's point of view. Concern and responsibility for marketing must therefore permeate all areas of the enterprise."

-Peter Drucker

何でも売り込む

「マーケティングは、最終的結果から、
つまり顧客の目から見たビジネスの全体を指す。
だから、マーケティングに対する気遣いや責任は、
企業の隅々にしみ透っていなければいけない」

ピーター・ドラッカー

何をどこで売るにしても基本は同じ

マーケティングは「市場を調べ、人々が求めているもの、必要としているもの、使えるもの、お金を払って手に入れようと思うものが何かを見極め、その製品あるいはサービスを、タイミングよく、経済的な方法で人々に提供すること」と定義することができる。マーケティング分析は、あなたが適切な製品あるいはサービスを、適切な時期に、適切な市場に提供するのを可能にしてくれる。

一方、セールスはその製品あるいはサービスに顧客を引きつける、あるいは顧客を見つけ、その商品が役に立つこと、利益をもたらすことを顧客に示すプロセスだ。つまり、顧客が抱える問題に対する解決法であること、あるいは彼らのニーズを満たすものであること（しかも適切な値段で）を顧客に納得させるプロセスだといえる。

ピーター・ドラッカーは「マーケティングの目的はセールスを不必要なものにすることだ」と言っている。セールスをまったくしなくていい状態にするのは無理だろうが、マーケティングのスキルがビジネスの成功の鍵を握っていることは確かだ。

セールスには、商品の種類、売る場所、時期などに関係なく、いつも守らなければいけない基本ルールがある。そのうち一つでも守らないと、どんなにセールスに精を出しても成果があがらない。

セールスの五つのルール

①マーケットに合ったものを適切な価格で売る

あなたが売りたいと思っている製品あるいはサービスは、ターゲットとする市場にぴったり合ったものでなければならない。そして、競争力のある価格と強力なプロモーションが伴っていなければいけない。何もしなくても売れるものなど何もない。どんなものでも売る努力があってはじめて「売れる」のであって、自然に「買われる」ことはない。

②商品がどんな利益を与えるか明確にする

顧客がお金を出すのは、商品そのものに対してではなく、それが自分に与えてくれる利益に対してだ。自分の抱えている問題の解決策、自分が目指すゴールに到達するのを助けてくれるもの、ニーズを満たしてくれるものに対してお金を出す。だから、その商品が顧客に与える利益をはっきりと打ち出すことが大事だ。

③本当にニーズがあるものを売る

あなたが売る商品はすでに存在する欲求やニーズを満たすものか、あるいは新たに欲求やニーズを生み出し、それを満たすものでなければならない。ビジネスが失敗する最大の理由は商品に対するニーズがないことだ。商品を市場に出す前に何度もテストして、そこに実際にニーズが存在することを確かめよう。

④顧客の信用を勝ち取る

顧客はセールスの人や会社を信頼し、その製品やサービスが現時点で自分にとって最高の選択だと納得がいってはじめて商品を買う。セールスは信用がすべてだ。あなたとあなたの会社に対する信頼度によって、その顧客が商品を買うかどうかが決まる。

⑤顧客が喜んで買う気になるものを売る

あなたが提供しているものに対して顧客が喜んでお金を出す気持ちになり、また、それだけのお金を持っていなければセールスは成り立たない。充分なお金を持っていない顧客、あるいは、本気で買う気がない顧客に対してセールス活動を続けるのは時間のムダだ。

顧客の疑問に答える

売り込みをするあなたから話を聞く顧客の頭には、たいてい次のような疑問が浮かぶ。顧客があなたに直接これらの疑問をぶつけることはあまりないが、あなたの話を聞いている間、これらの疑問が頭をよぎり、そのすべてに答えが与えられない限り、なかなか買う気になってくれない。売り込みの際には、これらの疑問に答えを出すことを念頭において、プレゼンテーションをしよう。

1．なぜこの人の話を聞かなくてはいけないのか？

販売促進活動、セールスはすべて、「どうせたいしたものではないだろう」という顧客の先入観を打ちやぶり、**「なぜこの人の話を聞かなくてはいけないのか？」という質問に納得のいく答えを与えることを目的としていると言ってもいい。**売り込みを始めてすぐに――それこそ二、三秒のうちに――この質問に対する答えを相手に与えられないと、みじめな結果になる。情報のあふれる今の時代、顧客の注意を引きつけられるかどうかが、セールスの決め手となる。

2. これはどんな商品で、何をしてくれるものなのか?

顧客の注目を得ることができたら、次は、またすばやく、明確に、あなたが売ろうとしている商品が何であるか説明する必要がある。大事なのはそれが顧客の生活や仕事の場でどんな役に立つか、どんなニーズを満たすか、どんな問題を解決するかをはっきり説明することだ。商品が何であるかを顧客にわかってもらえなければ、売り込みは次の段階に進めない。

3. だれがそう言っているのか?

顧客はどんな広告、宣伝活動に対しても懐疑的なのが普通だ。あなたはその商品にあなたの言葉通りの価値があることをその場で証明しなければならない。つまり、すでに商品を使っていて満足している顧客の話、第三者による調査結果などが必要だ。

4. ほかにだれがこの商品を使っているのか?

その商品を最初に使う人になりたいと思う人はだれもいない。すでに何人もの人が使っていると聞くと、人は安心する。将来の顧客は、あなたの商品をすでに使っていて満足している人の名前、それがどんな人たちかといった情報を知りたがる。

5. 買ったら自分にどんな得があるのか？

これこそ顧客が一番知りたいと思っていることだ。効果的な宣伝、セールスの基本は、一〇歳の子供にも理解できて、その子供が別の一〇歳の子供に、その商品が何であるか、なぜ自分がそれを買おうと思うかを説明できることだ。もし、あなたの話がそれより複雑だとしたら、売り込みは失敗する可能性が強い。

いろいろな売り方を試す

製品やサービスを売る方法はあなたが思っている以上にたくさんある。普通の会社はそのうち一つか二つの方法しか使っていない。だが、普通以上の成功を収めたいと思ったら、他人と同じことをしていてはだめだ。できるだけ多くの方法に精通し、まずは限られた範囲で試験的にいろいろやってみよう。そうすれば、セールスを成功させる方法が見つかる可能性もぐんと上がる。

セールスの方法には次のようなものがある。

1. 個人的に直接売り込む
2. 小売店を通して売る
3. ディストリビューターに販売権を与えて売る
4. 新聞広告、ダイレクトメール、カタログ、インターネットを使って売る
5. オフィスや家庭を個別に訪問して売る
6. セミナーやパーティーを主催して、その会場で売る
7. 政府機関に売り込む
8. チェーン店、ディスカウントストア、デパートに売り込む
9. 卸売業者に売る
10. 販売促進、無料プレゼントの商品に採用してもらう
11. システムを作りフランチャイズ化する。
12. トレードショーに出品して企業の買い付け担当者に売り込む
13. 物産展などで展示即売する

ここで紹介した方法の多くは、それを実践するのにお金をかけたり、リスクをとる必要はない。必要なのはあなたのエネルギーと創造力だけだ。

セールスの技術を身につける

ビジネスパーソンとして成功している人はみんなセールスの腕がいい。つまり他人を納得させるのが上手だ。ロバート・ルイス・スチーブンソンがかつて言ったように、「みんな何かをだれかに売ることで生計を立てている」。そこで問題なのは、「あなたのセールスの腕はどれくらいか？」ということだ。

アメリカで多くの人が金銭的に余裕のないまま引退する最大の原因は、ものの売り方を知らないか、ものを売るのが怖いか、そんな単純な仕事は自分のすることではないと思っているかいずれかだ。セールスはビジネスの世界で最も多く稼げる業種の一つだ。独力で大金持ちになったアメリカ人の五パーセントは、どこかの企業でセールスをやっていた人で、七四パーセントは、何かを売るビジネスを自分で起こし、成功させた人だ。セールスはビジネスの成功に続く王道だと言える。

セールスなんて単純な仕事をするには自分はもったいないと思っている人は、クライスラーのリー・アイアコッカやマイクロソフトのビル・ゲイツ、デルのマイケル・デルなどの超大金持ちのことを思い出すといい。彼らは大金持ちになった今でも、自分のところの製品やサービスを売るために、テレビやラジオに出演し、自社のスポークスマン、セールスパーソンとして世界中を飛び回っている。最も成功している人たちは、例外なく、何かをだれかに売っている人だということを忘れないようにしよう。

コンフォートゾーンを打ち破れ

人間も同じだが、**たいていの会社は、快適でいられる範囲「コンフォートゾーン」にあぐらをかいてしまいがちだ。**たとえば、ある商品を一つのやり方で売り始め、それに慣れてしまうと、売上高や収益に注意を払うことを忘れ、同じことをただやり続ける。変化の激しい今の時代、これではだめだ。常に、よりよい商品をより多くの顧客に売る方法を探す努力を怠らないようにしよう。あなたの競争相手は毎日それをやっているのだから。

そのためには、次のような質問を絶えず自分に問いかけることが大事だ。

1．ほかにもっといい販売方法はないか？

2. 同種の商品を利用している顧客に、うちの商品を買わせるにはどうしたらいいか？
3. 商品を改善するにはどうしたらいいか？
4. 同種の商品を利用していない人を新たに顧客にできないか？
5. 既存の顧客は、ほかに新しい商品を求めていないか？
6. ほかにもっといい流通方法はないか？
7. 同じ流通経路で売れる別の商品はないか？
8. 既存の設備で新しい製品は作れないか？

お金をかけずに宣伝する方法

私はこれまで、新聞や雑誌、ラジオ、テレビを利用して、何万ドルもの価値のある宣伝をただでやってきた。このやり方はどこでも、だれでも応用できる。**お金をかけずに宣伝することは、ビジネスを立ち上げ、成長させて成功に導くための大きな鍵となり得る。**

市場で売り出すための製品やサービスが準備できたら、こちらからお金を払わずに宣伝してもらうためにはどうしらよいか、考え始めよう。

無料広告のための一一のステップ

①無料で宣伝してくれと頼む

宣伝してほしかったら、まず自分から頼むことだ。他人は「あなたのところの商品をただで宣伝しましょうか?」とは決して聞いてこない。でも、あなたが頼めば、快く宣伝してくれる場合も多い。

②メディア用資料を用意する

宣伝用パンフレットや資料を用意し、メディアに送ろう。電話帳やインターネットで新聞社やラジオ局、テレビ局、雑誌社、そのほかのメディアの住所を探し、レターヘッドのついた会社の用紙を使って編集者に手紙を送るといい。できるだけおもしろく、ニュースになりそうな内容を盛り込み、二、三分で読める長さにしよう。

③ニュース価値を持たせる

自分が売ろうとしている商品について、「これはニュースになるだろうか?」と自問しよう。そして、そうでなかったら、何かちょっと工夫して、ニュース価値のあるものにしよう。寿命の長い電球を売っていた人が「五万時間つけっぱなしでも大丈夫」という売り込み文句を考え出して注目を集め、成功した例もある。

④顧客を絞る

ターゲットとする顧客がどんなカテゴリーに属する人か、よく考えてみよう。そして、それが特定できたら、その人たちがよく聞くラジオ、よく見るテレビ、よく読む新聞や雑誌をターゲットに、ただで宣伝してもらうことを考えよう。

⑤メディアを慎重に選ぶ

あなたが進出したいと思っている市場で広告を扱っているメディア、しかも全国規模で報道しているメディアの詳しい情報を手に入れ、そのメディアがどんな種類の話に興味を持つか、どのような市場に宣伝効果を持っているか調べよう。

⑥いい広告材料を用意する

ただで宣伝してもらうチャンスを得るために必要なのは、レターヘッドのついた会社の用紙と、明快な文で書かれた商品紹介文だ。内容はあなたの商品のニュース価値を高めるようなものがいい。おもしろく、読者の興味を引く内容で、読んだ記者がそのまま使えるような書き方をするといい。

⑦写真を送る

商品が実際に使われているところを写真に撮って送ろう。だれかが使っているところの写真があれば、人は興味を持つし、ニュース価値も増す。

⑧個人宛に手紙を出す

メディアに取り上げてもらおうと思ったら、あなたの商品に関係のありそうな部門に的を絞って、担当者に直接手紙を出すといい。こういう人たちはいつでもニュース価値のある話題を求めている。

⑨ラジオやテレビに出る

チャンスがあれば、ラジオやテレビのトーク番組に出演しよう。これは短時間で大勢の人の注目を集めるいい方法だ。出演が決まったら、商品の利点を簡単に紹介した文を司会者に渡せば、番組の最初に読んでもらえるかもしれない。

⑩無料で何か提供する

ラジオやテレビの番組に出られたら、視聴者に何か無料で提供しよう。電話をしてくれたらカタログを送る、返信用封筒を送ってくれたら、ちょっとしたプレゼントを進呈する、ウェブサイトで無料ダウンロードソフトを提供するなど、ちょっとしたことで将来の顧客が見つかるかもしれない。

⑪情報を置いていく

番組に出たラジオ局やテレビ局には、資料や名刺などを置いていこう。放映後しばらくして問い合わせがあることもよくあるから、その時のために連絡先を残しておくことが大事だ。また、そのほかの場所でも、パンフレットや連絡先を置かせてくれるところはどこでも利用しよう。

Just Do It!

ビジネスを始める方法も、それを成功に導く方法も数限りなくある。あなたが売りたいと思っている製品やサービスを売る方法も、あなたが一生かけても思いつかないほどたくさんある。あなたがやらなければいけないのは、その中の一つを選んで、行動に移ることだ。自分のゴールを一心に見つめ、あきらめることなく行動を続けること。それ以上の成功の秘訣はない。

必要な行動をとる心の準備ができれば、必要なことは学べる。助けてくれる人も見つかるし、探しているチャンスも見つかり、あなたが望んでいる成功もきっと手に入るだろう。そのために、必要なのは心を決めて行動に移ることだけだ。今日行動し始めよう。やるのはいまだ。疑いを持ったり、後回しにしたりせずに、行動しよう。待っていてはだめだ。Just Do It! ともかくやろう!

自分らしくお金持ちになるための70の習慣⑥

36. いまから三〇日以内にビジネスを始めると決めよう。製品やサービスで、自分が好きなもの、自分の力で売ることができて、市場に届けるまでの準備が自分でできるものを探すことから始めよう。

37. あなたが選んだ製品あるいはサービスを売るのに適切と思われる方法を一つ選び、それに焦点を合わせてやり方をマスターしよう。

38. すでにビジネスをやっている人は、まだ使ったことのないセールスとマーケティングの方法を一つ選び、それに焦点を合わせて必要なことをすべて学ぼう。

39. さまざまな流通経路を調べ、いまとは違う方法を使って、いまとは違う顧客に、いまとは違う製品を売る、あるいは同じ製品でもより多く売るにはどうしたらいいか考えよう。頭を柔軟にして、いろいろな可能性を前向きに考えることが大事だ。

40. セールスのスキルをグレードアップしよう。セールスの腕を上げるためなら、いくらでも時間とお金を投資する覚悟が必要だ。

41. いい仲間を持とう。同じようなビジネスをしている人とグループを作り、一週間に一度みんなで集まってアイディアや体験を交換しよう。そうすれば、一人では一生かけても学べないいろいろなことが学べる。

42. 成功するまでには失敗があることを覚悟しよう。何でも最初からうまくはいかない。何度でもトライしよう。間違いから学び、決してあきらめないと、いまここで決心しよう。

「競争の激しい市場でビジネスの成功を決める最大の要因は、マーケティングをどれくらい効果的にできるかだ」

ソニア・ラパポート

第 7 章

Get the Money You Need

"You have powers you never dreamed of. You can do things you never thought you could do. There are no limitations on what you can do except the limitations of your own mind."

-Darwin P. Kingsley

ゼロからビジネスを始める

「人は自分では夢にも思わないほどの
さまざまな力を持っている。
自分でできるとは
思ってもみなかったようなことができる。
人が成し得ることには限りがない。
唯一の制限はその人が頭の中で自分に課す制限だけだ」

ダーウィン・P・キングスレー

（ニューヨーク・インシュアランスの再建の立役者）

自分でビジネスを立ち上げ、経済的自立を達成したいという夢を持っていても、それを実現しようとしない人が多い主な理由は三つある。

一つ目の理由は、失敗することに対する恐怖だ。この恐怖はあなたの身体の隅々にまで染み込み、全身を麻痺させ、最初の一歩すら踏み出せないようにする。お金持ちになることだけでなく、あなたの目の前に開けているすべての可能性のうちどれを目指すにしても、まずあなたが学ばなければならないのは、自分の中にある恐怖と向き合うことだ。恐怖をコントロールし、たとえ恐怖を感じていても、それに押しつぶされずに行動できるようになれば、成功への第一歩が踏み出せる。

二つ目の理由は、無知だ。たいていの人はビジネスをどうやって立ち上げたらいいのかも、株や債券、不動産、そのほかの金融資産にどのようにして投資したらいいのかも知らない。それに、その方法を学ぶためにきちんと時間をかけようとしない。そういう人は、成功した他人をうらやましく思いながら、「どうせ自分はだめだ」と捨て鉢になって何もしないまま一生を終える。

三つ目の理由は、「そのためのお金がない」と思い込んでいる人が多いことだ。そういう人は、自分は充分なお金を持っていないし、ほかから必要なお金を集めることなどできないと思い込んでいる。どんなにやる気のある人でも、お金を借りようと銀行を訪れ、何度も断られているうちに、自分が使えるお金はないと早々と結論を出してしまい、ビジネスを起こすことをあきらめてしまう。

あなたが持っている最大の「資産」は、夢とやる気、想像力、強い願望だ。もしあなたがこれらの資産を持っていて、その上、喜んで働こう、自分の一部を犠牲にしようという気持ちがあれば、必ずいつか、夢を実現するために必要なお金を手に入れる――自分で稼ぐか、だれかが出してくれるかいずれかの方法で――ことができるだろう。

資金を集めるための一五の方法

ビジネスを始めるための資金源としては、次のようなものがある。どれも私が使ったことがある方法だ。

①自分の貯金を使う

資金源として最初に考えられるもの、そしておそらく一番重要なのは、あなた自身が貯めたお金だ。これまでにもお金を貯めることの大切さを強調してきたが、それをもう一度思い出してもらいたい。**ビジネスを始めるためのお金をコツコツと貯めるだけの自己抑制力がない人は、たとえビジネスを始められたとしても、それを成功させるだけの資質、人間的強さにも欠けると考え**

た方がいいかもしれない。

②個人的資産を売る

持ち家や車、高価な家具などを売って資金にするのも一つの方法だ。どんなものでも売ろうと思えば売れる。生命保険を解約するのも可能だし、株や債券、そのほかの有価証券を現金化して、ビジネスを始めるための資金の足しにすることもできる。**ビジネスをはじめて立ち上げる人の大部分は、最終的には自分の持ち物を全部売って、資金にする。**

③クレジットカードを使う

アメリカで成功しているビジネスの創立者の中には、会社員として働いている間にできる限り多くのクレジットカードを手に入れ、きちんと支払いを続けて借り入れ限度額を上げておいて、そこから充分な資金を借り入れてビジネスを始める人もいる。だが、これはあまりいい方法ではないし、私は人には勧めない。それは、利子がとても高いからだ。ただ、たとえばあと少し持ちこたえれば破産は避けられる……というような場合は役に立つし、よく使われる方法だ。

④個人ローンを使う

個人の信用をもとにお金を借りる場合は、あなたの仕事や過去の信用履歴、人間性などが判断の基準となる。個人的な資産があれば、銀行から個人借入枠をもらえる場合もある。将来ビジネスを始めることを考えている人は、**銀行からお金を借りてそれを返すことを今から始め、信用を高めておくといい。その時のコツは「たくさん借りて、早めに返す」ことだ。**

⑤担保を出してお金を借りる

担保貸し付けは資産価値のあるものを担保にしてお金を借りるシステムだ。担保には車や高級家具、レジャー用ボートなども使えるし、自分が住んでいる家も担保にできる。持ち物をありったけ担保にしてお金を借りてビジネスを始める人は、たくさんいる。

⑥家族や友人からお金を借りる

新しいビジネスを始めるのは、とてもリスクが大きい。銀行はリスクを避けるのが仕事だから、よほどの保証がない限りなかなかお金を貸してくれない。そこで登場するのが、あなたの家族や友人だ。彼らはあなたのことを信じ、成功するように祈ってお金を出してくれる。おそらくビジネスを始める場合の資金の九九パーセントは、このようにして調達されたお金だろう。

⑦ビジネスローンを使う

銀行からビジネスに対して融資を受ける場合は、たいてい、裏付けとなる流動資産や、過去一年か二年、好業績を上げていることを証拠づける記録が必要だ。また、それに加えてあなたの個人的な情報も要求される。つまり、借入金返済を保証できるだけのものをあなたが持っていることを証明しなければならない。ビジネスのために お金を借りる時に個人的な保証を銀行に与える などという人がいるが、それは現実的ではない。銀行は時にはあなたの配偶者、親までも保証人に したがる。

銀行は貸し手をここで判断する

①**担保**：銀行はまず担保を求める。ビジネスがうまくいかなかった時、すぐに現金化できて銀行からの借入金を返すことのできるような資産をあなたは持っているだろうか？

②**あなた自身**：銀行はあなた自身に注目する。これまでの返済履歴はどうか、正直で信頼できる人間か、どんな知り合いがいるか、どんな人が保証人になってくれるかといったことを知りたがる。

③**個人信用履歴**：あなたの信用履歴は今どうなっているだろう？ これまで借りたお金、返済したお金、今の借入れ状況などが問題になる。借入金の返済が遅れて信用履歴に傷がつくと、ブラックリストに載ってしまい、どこでもお金が借りられなくなる。この状態は何年も続く場合もあるから、充分に注意が必要だ。

④資本：銀行は自己資本の量を知りたがる。あなた自身が投資する額は、ビジネスを成功させることにあなたがどれくらい本気かを示すバロメータとなる。
⑤信用：銀行がお金を貸すかどうか決める最後の決め手はあなたに対する信用だ。最終的には銀行の貸し付け担当者が、あなたを個人として信用すると同時に、ビジネスを成功させることのできる人間だと確信を持ってはじめてお金を貸してもらえる。

⑧リースやレンタルを利用する

リースやレンタルを利用するのも、一つの方法だ。つまり、社用車や事務機器、建物、家具などを買わずに、月あるいは年単位で借りる方法だ。ビジネスを立ち上げた直後は、売り上げやキャッシュフローの状況の予想がつかないから、これは慎重な方法としてなかなか有効だ。

⑨まず小さく始める

まず、**あるだけのお金で小さく始め、売り上げや収入を増やして、利益が出てからそれを再投資してビジネスを大きくする方法だ**。この方法は、時間はかかるかもしれないが、たくさんのお金を使って始めるのと比べていくつも有利な点がある。創造力が刺激される、早くいろいろなことが学べるといった利点だ。お金がない代わり、あなたは一生懸命働く。多くの間違いをする余裕はないから、あなたは頭を使わざるを得ない。お金がたくさんあって、余裕で仕事をするよりこの方が成功する確率が高いのは言うまでもない。

⑩顧客から資金を調達する

これは、顧客から先に支払いを受けて、そのお金を、あなたが売りたいと思っている製品あるいはサービスを生産・提供するのに必要な資金にする方法だ。これには、次のようなやり方がある。

顧客のお金を利用する方法

①顧客から手付金を払ってもらう

注文時に代金の半額の手付金を払ってもらうシステムを使っているビジネスは多い。このお金をもとに、原料を買ったり、製造に必要な労働力に支払いをしたりすれば、あなたに必要なお金は半分になる。

②注文時に全額、あるいは一部払ってもらう

注文時に代金の全額、あるいは一部を払ってもらうのが不可能な場合も、掛けで売らずに配達時に全額を払ってもらおう。あなたが納入業者に支払うのを買掛金にしておけば、そのお金で支払えるから、あなたは資金がなくてもビジネスが始められる。

③前払いで定期購読物やイベントを売る

ニューズレターやセミナーなどを定期的に顧客に提供するビジネスの場合は、製品やサービスを全部顧客に渡す前、たとえば一回目のニューズレター発送の時に、一年分の購読料を払ってもらうことが可能だ。

④先払いの通信販売で売る

通信販売の場合、最初に広告に投資するお金は必ず用意しなければいけないが、そのあとは注文が来たら現金やクレジットカードで先払いしてもらえば、そのお金を使って製品やサービスを用意することができる。

⑤製品を製造したり売ったりする権利を売る

これは自分が持っている製造権やマーケティングの権利の使用料を、印税のような形で、パーセンテージか、定額で支払ってもらうやり方だ。

⑥顧問契約をする

コンサルタントビジネスでよく使われる方法だ。専門知識のある人は、毎月、何日間か働く契約をして、月ごとの顧問料を前もって支払ってもらうことができる。

⑦ネットワークビジネスを利用する

ネットワークビジネスを始めるのに必要なのは、入会金と顧客に見せるサンプルだ。顧客から注文を受けたら、集金したお金で製造元から製品を買い、顧客に届ければいい。

⑪ベンチャーキャピタルを利用する

ベンチャーキャピタルは、急速に成長する可能性があるがリスクも高いビジネスに投資するために、一部の経験豊かな投資家たちが集まって管理しているお金だ。話題にはよくのぼるが、ベンチャーキャピタリストが投資先を決める時の審査は厳しく、業績がない新設企業は実際にそこから投資を受けるのはかなり難しい。

⑫スモールビジネス（中小企業）対象の借入制度を利用する

政府が後押しする、中小企業対象の借り入れを利用するのも、起業のための資金を集める一つの手段だ。中小企業庁などの役所は、たとえあなたのビジネスへの貸し付けを断ったとしても、相談や情報提供をはじめ、いろいろな面で支援してくれる。

⑬スモールビジネスに投資する会社からの出資を利用する

中小企業に投資する会社は、ベンチャーキャピタリストと同様、投資先を決めるのに厳しい審査をする。そして、投資の見返りとして、あなたの会社の株式の過半数を要求するのが普通だ。約束通りの利益を出さなければ、あなたはクビになる可能性がある。

⑭株式を公開する

証券会社を通して株式を市場で公開するには、普通、数年間、安定して利益があったことを証明する記録がなければいけない。それに、財務諸表の監査もあるし、ほかにもいろいろな要件を満たさなければいけないので、かなりハードルが高い。

⑮納入業者からの資金援助を受ける

あなたに製品やサービスを供給する会社の多くは、あなたと信頼関係が確立していれば、後払い、つまり掛けで売ってくれる。そのためには、財務諸表やビジネスプランを持って自分で相手の会社を訪れ、納得のいく説明をするのがいい。

勝つビジネスの二つのポイント

ビジネスを始めるためのお金を集められるかどうか、その決め手の一つは、いま挙げたような資金源の選び方だが、そのほかに重要な二つのポイントがある。それはビジネスの種類と、ビジネスをやる場所だ。資金を出す人たちは、商品を売ったらすぐに現金が入ってきて、自分たちのお金が戻ってくるようなビジネスを好む。また、同じ国の中でも、あるいは同じ町の中でも、場所によってビジネスを広げるためのお金が借りやすかったり借りにくかったりする。

①どんな業種のビジネスか?

では、どんな種類のビジネスにしたら資金が得やすいのだろう? この質問の答えを見つけるためには、前もって下調べをすることが大事だ。たとえば、アメリカのビジネス雑誌『Inc.』によると、**分野別に見た場合、急成長を遂げているビジネスのうち最も多いのは各種サービス業で四七パーセントを占めている。**以下、製造、流通、小売、建築と続く。一方、**業種別で見ると、最も多いのはコンピュータ、あるいはハイテク関連の業種で二九パーセント。**以下ビジネス関連のサービス、消費財、建築、産業設備、出版・メディア、テレコミュニケーション、医療・薬品と続いている。変化の多い今の時代、この順位は毎年変わるし、地域によっても偏りがあるので、**その時、その場所の有望分野、業種を知っておくことが重要だ。**なぜなら、銀行などの融資機関がビジネスを目的とした貸し出しをする時は、こういった傾向を判断のための材料にするからだ。それに、あなたのビジネスが成功するかどうかを決める鍵としてもこれは重要なポイントだ。急成長を遂げる分野、業種でビジネスを始めれば、より短い期間で成功を収めることができるだろう。

②どこで営業するビジネスか？

ある地域の経済成長の良し悪しを判断するいい方法は、そこでどれくらいの数のビジネスが新しく起こされているかを見ることだ。経済の専門家によると、アメリカではレイオフや倒産、合併などの理由で毎年八〜一〇パーセントの仕事が失われている。だから、ある地域が経済的に成長するためには、この八〜一〇パーセントのマイナスを補い、さらに、新たに労働市場に入ってくる人のためにそれ以上の仕事が生み出されていなければならない。ビジネス雑誌『フォーチュン』によると、**最も経済的成長が見込まれるのは、大学を卒業した人たちが集まり、クリエイティブな人たちが好むライフスタイルが可能な大都市だとされている。**時期や国が違えば、経済的成長を遂げる地域も違ってくるので、ここでも充分下調べをして、自分の選んだ業種、分野に合った地域を探そう。

43. いくらお金が必要か計算しよう

あなたが自分でビジネスを立ち上げそれを成功させるため、あるいは新製品を世に出すため、あるいは今お金を稼ぐためにやっている活動の幅を広げるために必要だと思う金額を、正確にはじきだそう。

44. 資金源のターゲットを決めてアタックしよう

あなたのビジネスに資金を出してくれそうなところをいくつか選び、「出資してくれないか?」と聞いてみよう。聞かないままでいれば答えは「ノー」と同じだ。聞くのはタダだし、断られてもあなたが失うものはない。

45. 個人信用格付けを下げるようなことをしていないかチェックしよう

問題になりそうな点はないか、自分の金銭関係を見直し、問題を解決しよう。金銭関係をすっきりしておくことは、ビジネスをやっていく上で大きなプラスになる。

46、借金を早く返して信用格付けを上げよう

銀行からお金を借りて早く返し、信用格付けを上げよう。銀行の支店長と顔見知り

になろう。そして、人間的にも、ビジネス面でも信用される人間になろう。

47. 売り上げと利益を今より上げよう

今の状態をスタート地点として、売り上げと利益を上げることに努めよう。

48. 常に利益を上げることを念頭におこう

売り込みをし、売った物を配達し、それに対してできるだけ早く支払いを受ける。それがセールスによって利益を上げる基本だ。

49. 正確な会計記録をつけよう

すべての費用、お金の出し入れを正確に記録しよう。フルタイムでもパートタイムでもいいから、会計士か簿記係を雇い、常に会計記録を最新のものにしておこう。何とかなるだろう……と成り行きに任せるのではダメだ。

「どんなことでもそれを成し遂げるための道がある。意志さえ強ければ、方法はいつでも見つかる」

フランソワ・ドゥ・ラ・ロシュフーコー

第8章

Think and Grow Rich

"Because its purpose is to create a customer, the business has two-and only these two-basic functions: marketing and innovation. Marketing and innovation produce results; all the rest are "costs."

-Peter Drucker

マインドストーミングで金持ちになる

「ビジネスの目的は顧客を作り出すことだ。
だから、ビジネスの基本的な機能は次の二つ――
それはマーケティングとイノベーション（革新）の二つだけだ。
この二つは結果を生む。それ以外はすべて『費用』だ」

ピーター・ドラッカー

二〇の答えを見つけよう

「お金持ちになる一番の方法は、一生懸命働いてお金を貯めることだ」という話は、あなたも何度も聞いたことがあるだろう。だが、残念なことに、実際はただ長時間せっせと働いただけでは、お金持ちにはなれない。**お金持ちになるには一生懸命働くと同時に、「賢く」働かなければならない。**つまり、**自分の創造力、潜在能力を活用する方法を学ばなければならない。**創造力はあなたの「お金持ち度」と密接な関係を持っている。お金持ちになるための第一歩を踏み出すのに必要なのは、たった一つのアイディアなのだから……。

マインドストーミングというのは、一言で言うと、一人でやるブレインストーミングのようなものだ。創造的な思考を刺激する方法としてとても効果がある。お金持ちになる方法としても有効で、私もこの方法でお金持ちになった。実際のところ、この本を読んだあと、頭に残ったのがこの話だけだったとしても、これをしっかり実践し続ければ、それだけでお金持ちになれるといっても言い過ぎではないと思う。

やり方は簡単だ。**紙を一枚用意し、その一番上に、あなたがいま直面している問題、あるいはぜひ実現したいと思っている目標を次のような質問の形で書こう。**たとえば、収入を倍にしたいと思っていたらこんなふうに書く。

「どうやったら、これから一年以内に収入を倍にできるか？」

次に、**この質問に対して、少なくとも二〇の答えを書こう。**二〇以上になるのはかまわないが、二〇以下ではだめだ。途中であきらめず、強い意志を持ってぜひがんばってほしい。

このエクササイズを実際にやってみると、最初の三つから五つの答えは結構簡単に出てくることがわかる。次の三つから五つはだいぶむずかしくなる。だが、一番むずかしいのは、やはり一五を越えたあたりからだ。まったく何も思いつかなくなることもある。紙に書かれた質問をながめながら、いくら頭をひねっても、それ以上は何も出てこない……。そこからが、がんばりどころだ。もしあなたがあきらめず、二〇の答えを思いつくまでそこに座り続けていたら、きっとまだ発揮されていない創造力にスイッチが入り、アイディアが泉のようにわいてくるだろう。そして、**二〇の答えを書き終えた時、紙の一番下に書き出された最後の答えが、あなたの人生や仕事の方向を一変させるような答えであることがわかるかもしれない。**意外に思えるかもしれないが、実際そうなることがよくある……。

マインドストーミングを日課にする

今日から早速、このマインドストーミングをやろう。**どんな問題でも、どんな目標でも、すぐに紙を用意して二〇の答えを書き始めよう。**このエクササイズが習慣になって、毎日歯を磨くのと同じくらい自然にできるようになったら、その効果にあなたもきっと驚くことだろう。ありがたいことに、このエクササイズはやればやるほど、あなたの創造性が高まり、頭の回転がよくなるので、エクササイズをやること自体がどんどん簡単になる。

このエクササイズをやるのに一番いい時間帯は朝だ。達成したい目標や解決したい問題を質問の形で紙に書き付けると、あなたの頭はその日、一日中、答えを探すモードに入っていて、アイディアが出やすい状態になる。そして、その目標や問題に直接には関係のない状況にあっても、無意識的に答えを探すようになる。

あなたが常に新しいアイディアに柔軟な姿勢でいると、そのうちに、ほかの人たちも自分の問題を解決するためにあなたのアイディアを聞きたがるようになる。そうなると、あなたは自分ではぶつからないようなさまざまな状況に対する対処法を考えるようになり、問題解決能力がさらに上がる。時には、アイディアが出すぎて、全部自分では実践できないという場合も出てくるだろう。そうしたら、それをほかの人に分けてあげればいい。

何人かでやるブレインストーミング

マスターマインディングとも呼ばれるこの方法は、創造的なアイディアを出すためによく使われる方法だ。これは**複数の人間が集まり、一致協力して、目標達成や問題解決のためのアイディアを出し合うやり方だ。**この方法の効果を上げるための**一番の鍵は、参加者全員が、ターゲットとなる目標や問題が何であるか、はっきりと理解していることだ。**

ブレインストーミングをする時は、まず、目標や問題をホワイトボードやフリップチャートに書き出し、これから何に焦点を合わせて話し合っていくか、全員でしっかりと確認しよう。次に、一五分から四五分ほどの時間制限を設けよう。**ブレインストーミングの目的は、限られた時間でできるだけ多くの答えを出すこと、時間との闘いだ。**また、どんなアイディアが出ても、ばかにしたり、批判したり、評価したりすることがないように、あらかじめ確認しておくことも大事だ。

以前、『フォーチュン500』に名を連ねる大企業の人たちを集めてブレインストーミングをしたことがある。重役から秘書まで、職種別のグループで二〇分間のブレインストーミングをしたあと比べてみると、驚いたことに五人の秘書からなるグループが出したアイディアの数が一番多く、中間管理職のグループが出した数の三倍以上もあった。しかも、内容もなかなかいいものが多かった。ブレインストーミングでは、どこからすばらしいアイディアが出るか、まったく予想がつかない。

「もし……だったら？」と質問する

これも創造的なアイディアを出すのに大きな効果がある、頭のエクササイズだ。このエクササイズをやる時は、**現実的な制約をすべて取り払って、自由な発想で自分に答えさせることが大事だ。**

たとえば「もしこれをこんなふうにやったら、どうなるだろう？」「もしこれをやるのをやめたら、どうなるだろう？」「もしこれをまだやっていなかったとしたら、今から同じことをやるだろうか？」と自分に聞いてみよう。ほかに、「これを今こんなふうにやっているのはなぜだろう？」「もっといいやり方はないだろうか？」といった質問をしてみるのもいい。「快適ゾーン」でぬくぬくとしていて、何も考えずに同じことを繰り返しているだけの人間がたくさんいることを思い出そう。あなたは彼らの仲間でいたいのだろうか？

自分に聞く

この方法は、ビジネスだけでなく、生活全般に応用できる。**まず仕事の環境も含めて、あなたにとって理想的な状態がどんなものか文章にして書こう。**収入や家族関係についての理想なども含めよう。それから、今の自分がやっていることを振り返り、理想的な状態と違うのはなぜか、自分に聞こう。もし、物事をまったく違うやり方でやったら、あるいは、これまで長い間やってきたことを完全にやめてしまったらどうなるだろうか？と聞いてみよう。

私はよく、次のようなエクササイズをやってみるように人に勧める。それは、今の生活で不満な部分があるとしたら、**完全に満足できる生活とはどんなものか、紙にきちんと書くことだ。**何分か時間をかけ、自分にとって理想的な仕事や生活について考え、それを書き出したら、次に、「ここに書き出したような生活を今送っていないのはなぜだろう？」と自分に聞こう。「現状を理想的な状態に近づけるには、どのような点を変えなければいけないか？」「私が望んでいるような生活を作り出すためには、そのようなことが起こらなければならないか？」と聞いてみるのもいい。

アイディアが出てきたら

よさそうに思えるアイディアが出てきた時、思い出してほしいことが三つある。**まず一つ目は、アイディアだけでは価値がないということだ。**アイディアは創造的なプロセスの第一歩に過ぎない。トーマス・エジソンが言ったように、天才は一パーセントのインスピレーションと九九パーセントの努力の賜物だ。いいアイディアが浮かんだら、本当の仕事はそこから始まる。

二つ目に思い出してほしいのは、客観的にアイディアを見ることだ。自分よりもそのことをよく知っている人に意見を求め、どんな意見にも耳を傾けよう。自分が考え出したアイディアだからという、それだけの理由で入れ込んでしまい、それを弁護するために多くのエネルギーを使う人がよくいるが、彼らと同じ間違いを犯さないようにしよう。どんなに自分のアイディアがよく見えようと、それが適切なものでない場合があることを肝に銘じておこう。

三つ目に大事なのは、アイディアを実行に移す前に、少し熱を冷ましてから見直すことだ。今日すばらしく輝いて見えるアイディアが、三日後にはその輝きを失うということはよくある。一人でじっくり考える時間を持とう。一時間でもいい、静かに座り、アイディアをいろいろな角度から眺めよう。その際には、できるだけ冷静に、感情的にならないようにしよう。あせってはいけない。ビジネスにおいては、あせって決めたことは間違っている場合が多い。

答えは必ずある

アイディアを出す時、あるいはそれを評価する時、おそらく一番大事なのは、あなたとあなたが目指すゴールの間に立ちはだかる障害、問題がどんなものであろうと、それに対する解決策は必ずあり、あなたに見つけてもらうのをどこかで待っているということだ。**人生で成功を収めるかどうかは、あなたが創造力をどれだけ有効に使ってそれらの解決策を見つけられるかにかかっている。**ありがたいことに、人間の創造力・想像力は筋肉と同じで、使えば使うほど、鍛えれば鍛えるほど強くなる。頭を創造的に使えば使うほど、あなたはより賢く、より鋭く、より知性的になる。ぐずぐずしていないで、今すぐ行動に移ろう。今この瞬間から、頭を創造的に使い始めよう。

自分らしくお金持ちになるための70の習慣⑧

50. 焦点の定まった質問はあなたの頭に刺激を与え、創造力を活性化する。目標を一つ決め、自分にこう聞こう。「なぜ私はまだこの目標に到達していないのか？　到達できていない最大の原因は何か？」

51．あなたが経済的に自立することを妨げている最大の障害が何か、はっきりさせよう。この章で学んだマインドストーミングの手法を使い、その問題の解決方法を自分に問いかけ、それに対する答えを二〇個見つけよう。

52．これから売りたいと思っている、あるいは売れないで困っている製品やサービスがあったら、その商品の価値や、競合商品より勝っている点などをはっきりさせ、それを売ることが現実的なゴールになり得ることを確かめよう。

53．同僚や家族とブレインストーミングをやろう。みんなで考えるべき問題を一つ決め、一五分か四五分の間にできる限り多くの答え、解決策を見つけよう。

54．一人で考える時間を定期的に持とう。だれにも邪魔されない静かな環境で、リラックスした状態で、自由な発想をしよう。ゴールに到達するためのアイディアや直感のひらめきを敏感に感じられるように、頭を柔軟にしよう。

55．ある問題に対する自分のアプローチ、あるいは、ある目標に到達するためにあなたが取っている方法がまったく間違っているかもしれないと仮定しよう。もし、今のやり方が間違っていたとしたら、ほかにどんな方法があるだろう？

56. 自分の目標をできるだけ明確に、何度も繰り返し紙に書こう。こうすることにより、創造性が刺激され、あなたの内側に潜む「天才」が目をさます。

「イマジネーションは知識よりも大事だ。知識には限りがある。イマジネーションは世界を自由に飛び回る」

アルバート・アインシュタイン

第9章

Learn from the Best

"Begin to imagine what the desirable outcome would be like. Go over these mental pictures and delineate details and refinements. Play them over and over to yourself, until they become your reality."
-Maxwell Maltz

最良の師から学ぶ

「自分が望む結果がもたらされたとしたら、
それはどんな状態か、想像することから始めよう。
何度も繰り返し、その状態を頭に描き、
細かく緻密な映像にしよう。
そして、それが現実のものになるまで、
その映像も何度も繰り返し頭に映し出そう」
マクスウェル・マルツ

お金持ちになるために必要なことを学ぶ方法は二つしかない。**一つは自分の間違いや経験から学ぶ方法、もう一つは「他人の」間違いや経験から学ぶ方法だ。**この二つのうち、大幅に安くつき、しかも簡単なのは二つ目の方法だが、どういうわけかこちらの方法を取る人の方が少ない。この章では、成功に向けて歩むあなたの成長と進歩を加速する方法としてとても効果的なこの方法を紹介する。

成功している人から学べ

人間的に成長する、あるいは能力を伸ばすのに一番効果的な方法の一つは、お手本となる人を見つけて、その人の考え方や行動の仕方を学び、それをそっくりまねる方法だ。今いろいろな分野でトップに立っている人たちも、みんなそうしてきた。

すでに成功している人たちのすべてをまねるようにしていると、そのうちに、成功した人間と同じように考えたり、感じたりするようになる。そして、最終的に彼らと同じ結果を得られるようになるのだ。勝者と同じように考え、行動していると、自分は勝つために生まれてきたのだ、自分を止められるものは何もないと信じられるようになる。そうなったら、しめたものだ。その信念は、いつかあなたの現実となる。

見習うべき五つの資質

数年前、アメリカの調査機関ギャロップが、国内の著名人一五〇〇人を対象に調査を行った。その時の質問の一つに「あなたが大きな成功を収めた理由は何だと思うか？」という質問があり、その結果から、ギャロップは成功者の資質を次の五つに絞り込んだ。これらは、さまざまな分野でトップに立つ人たちが、自分がほかの人たちより成功した理由として挙げたものだ。

見習いたい成功者の資質

①常識

ギャロップの質問に答えた人の大部分が、成功の秘訣として挙げたのが「常識」だ。ギャロップは次に、「常識とはどういう意味ですか」とたずねた。すると、多くの人が次のように答えた。**「常識とは何かを経験し、それを振り返り、将来の経験に応用できるような一般的法則や指針をそこから引き出すことのできる能力だ」**。この言葉を言い換えると、常識とは経験から学び、その学習によって得た知恵を発達させる能力だと言えるだろう。

しっかりした常識を身につけている人は、さまざまな経験をしているばかりでなく、それらの経験を振り返り、深いレベルで理解して、そこから何かを学ぶためにしっかり時間をかけてきた人だ。世の中には何年も経験を積みながら、忙しさを口実に、きちんと時間をかけてそれを振り返らず、何も学ぶことのできない人がたくさんいる。

②知性

今アメリカで一番お金を払ってもらえる知性は、いろいろな種類の他人とうまくやっていくための「社会的知性」と、ビジネスチャンスを見極めるための「起業家的知性」だ。この二つの知性は学校では測ることができない。これらの二つの知性が高くても学校の成績が悪くて、ほかの人より「頭が悪い」と感じている人もいるかもしれないが、それは間違っている。いろいろな知性はいわゆる知能テストでは測ることはできない。本当の知性は「行動の仕方」で決まる。ある状況の中で知性的な行動ができれば、あなたは知性が高い。反対に、ばかな行動をとれば、知性は低い。これは、学校の成績とはまったく関係がない。

つまり、知性的な行動とは自分が決めた目標に沿った行動であり、その目標に近づくのに役に立たない行動、あるいはもっと悪い場合は、そこからあなたを遠ざけるような行動は非知性的な行動だ。

③熟練

ギャロップの調査で、成功者たちが成功の理由として三番目に挙げたのは、熟練だ。これは仕事を特別にうまくやる能力と言ってもいい。熟練者とは「その道で指折り」と言われるような人たち、要求された結果を高い基準で満たすことができる人たちだ。平均的なレベル、あるいは「まあまあ」というレベルでしか仕事のできない人は、決してトップには立てない。実際のところ、「並み以上」のレベルでもだめで、特別うまくできなければいけない。一般に、どんな分野であれ、熟練度を上げ、上から一〇パーセントまでに入るためには五年から七年の修業と、一万時間の応用が必要と言われる。外科医でも弁護士でもそうだし、起業家やセールスマンの場合も同じだ。そして、そこに至るための「近道」はない。

④責任能力

自分で責任がとれる、自分をあてにできるというのは、成功するためにとても大事な資質だ。人生で成功を収めた人たちは、人生の舵をとるのは自分だと思っている。自分が成功するかしないか、その鍵を握っているのも自分だ。彼らは弁解しない。間違いを犯した時にはすぐにそれを認め、正して先に進む。ほかの人に自分のことをやってもらおうとは思わない。ほかの人が自分の期待を裏切るようなことをしても、その人を責めたり腹を立てたりしない。彼らは他人を批判したり、非難したりしない。**自分が人生という舞台で演じられている劇の主役だということを忘れない。**多くの人は過去に起こった不幸な出来事のことを思い出してばかりいて、今の人生をないがしろにしている。過去に対する姿勢として一番正しいのは、そこから学び、知恵と理解を深めたら人生の次の段階にさっさと進むことだ。

⑤結果重視

成功する人は、常に結果について考えている。結果を重視する人は、目標をはっきりと定め、優先順位を決めて、仕事をすばやく、確実に仕上げることだけに神経を集中させる。その時にやるべきこと、重要なことに焦点を合わせ、それを完全にやり遂げるまで気持ちをそらせない。その結果、このような姿勢で仕事に取り組めないほかの多くの人たちよりも、ずっと高い生産性を上げることができる。

結局のところ、結果がすべてだ。あなたは自分が出した結果の量と質に応じて支払を受ける。だから、常に、「私にはどんな結果が期待されているのか？」と自問しよう。あなたに期待されている結果のうち、一番重要なのは何だろう？　あなたの成功と収入を決定する鍵となる、一番重要な結果をより多く出すためには、どのような毎日を送ったらいいだろう？

成功している会社から学ぶ

手本から学ぶもう一つの方法は、成功しているビジネスから学ぶやり方だ。どんな分野であれ、その業界で生き残っていくためには、少なくとも競争相手と同じくらい、たいていの場合はそれ以上うまく商売をやらなければいけない。成功している会社、できればトップ中のトップの会社を見つけ、その会社がやっていることをできる限りまねするようにしよう。そして、次に、何かの点で、その会社よりすぐれたことをやろう。

成功している会社から学ぶ時は、次のような点に注目するといい。

1．どうやって顧客を引きつけているか？

成功している会社について調べる時は、まず、顧客がその会社の商品を利用するのはなぜか調べよう。販売促進や広告のやり方もチェックするといい。

2．どうやって売っているか？

その会社が使っているセールスのテクニックのうち、一番効果をあげているのはどれか？　顧客に提供している特別なサービスや保証はないか、アフターケアはどうなっているかなどに注目しよう。

3．だれが製品・サービスを買っているか？

顧客の種類を知ることも大事だ。その会社の製品あるいはサービスを利用しているのは、だれか、年齢や収入、教育程度、性別、職業、財力などの点から細かく分析しよう。

4．どうやって料金を集めているか？

まず知らなければいけないのは、料金設定だ。次に、その料金をどうやって集めているかも調べよう。頭金は必要か？　月賦は利用できるか？　現金払いか？　また支払いの条件などについても知りたい。

5．商品に何がついてくるか？

その会社が売っている製品あるいはサービスの中身を正確に知ろう。同じ市場で競争に勝とうと思ったら、顧客を引きつけるためにその会社が提供しているすべてを知らなければいけない。

6．どこで売っているか？

製品あるいはサービスが一番よく売れているのはどこだろう？　それを売るための最高のロケーションはどこだろう？　具体的に地方や町を特定し、さらにその町の中でもどんなところで一番売れているか調べよう。

7．カスタマーポリシーは何か？

対顧客対策はどうなっているか？　前に挙げた保証もその一つだが、そのほかに返金や値引きがどのようなシステムになっているかも調べよう。

成功している会社に続くための一二の鍵

1．あなたがビジネスを始めようと思っている分野で成功している会社について、できる限りのことを調べよう。

2．手本にしたいと思う会社が成功するためにやっていることを、すべてまねしよう。模倣は最大の賛辞だ。あなたの競争相手が賞賛に値するような会社だったら、何が何でもまねをして自分の役に立てよう。あなた自身が成功すれば、今度はきっと彼らがあなたのまねをするようになるだろう。

3. 成功している競争相手をほめよう。あなたが選んだ分野でトップを行く人や会社について考えたり話したりする時は、いつも肯定的にとらえ、高く評価するようにしよう。そして、自分はどうやったらそれ以上のことができるか考えよう。競争相手をこき下ろすようなことは決してしてはいけない。彼らのことを話す時は、常に尊敬の気持ちを持ち、心から賞賛しよう。

4. 一つの会社で成功した方法や、一つの市場、業界で成功した方法をほかで使えないか考えよう。レイ・クロクはスピード写真現像の店で使われていた、標準化された製品の高速製造の仕組みをハンバーガー店に応用して、マクドナルドのビジネスモデルを作った。

5. 大きな利益が生み出されている部分に目をつけ、そこを集中的にねらおう。一般に、付加価値の高い製品やサービスが大きな利益を生む。コンビニエンスストアの戦略を思い出そう。常に利益率の高い商品を売ることを優先させよう。

6. 小規模にやっていて成功しているビジネスを見つけ、同じことを大規模にやるビジネスを立ち上げられないか、その可能性を探ろう。

7. 定評のある大会社が提供している製品やサービスと同種のものを、もっと安く顧客に提供できないか考えよう。大会社は大所帯なだけに、かかる経費も大きい。小規模に、地域限定でやれば、同じかそれ以上の製品やサービスをもっと安く提供できる場合が多い。

8. 小さい会社の有利な点であるスピードと柔軟性を生かせるビジネスを探そう。 あなたは大きな会社よりすばやく動けるし、顧客に個人的な気配りができる。そういったサービスこそが本当の付加価値になる。

9. あなたが目をつけた分野で一番売れ筋の商品に目をつけ、それをよりよいものにする方法はないか考えよう。 その製品あるいはサービスの質を一〇パーセント向上させるだけで、成功するビジネスの第一歩が踏み出せる。

10. 常に先人のあとに続こう。 新しい製品やサービスを最初に市場に持ち込むのは、リスクが大きいからやめた方がいい。それはもっと資本力のある会社に任せ、ビジネスの成功に必要な試行錯誤のプロセスをあなたの代わりにやってもらおう。

11. ビジネスアイディア自体が特許で守られていることは少ないから、成功しているアイディアはどんどん取り入れよう。 最初にアイディアを思いついた人よりも、それを借りて応用した人の方が成功する例もよくある。

12. 自分がトップに立ったら、常にほかの会社、とくに競合会社の動向に目を光らせ、彼らが使って成功している方法を取り入れることで、トップの座を維持しよう。 どんな分野でビジネスをやるにしても、すでに効果が証明されている方法を学び、取り入れることを忘れないようにしよう。

試行錯誤を通して学べ

どんな分野でも、努力して何事かを成し遂げ成功したいと思ったら、試行錯誤を通して学ぶことが大事だ。経験を積むうちに、間違った決断を下す回数より正しい決断を下す回数が増えてくる。成功に欠かせないこの学習プロセスを加速する一つの方法は、ほかの人やほかの会社を注意深く観察し、一番いいところだけを集めてまねることだ。

将来お金の心配をしないですむようになるための方法はいろいろあり、あなたはどんな分野でも成功を収める可能性を持っている。**何をするにしても、金銭的な成功を収めるための最短の方法は、その分野の先端を行くリーダーたちについて学ぶこと、あるいはその分野で成功している会社について学ぶことを習慣にして、常に自分自身もトップでいるように心がけることだ。**そうすればいつかきっと、あなたがリーダーとなって、あとから来た人たちが、あなたやあなたのビジネスについて学ぶようになるだろう。そこに行き着くまで、他人の経験から学び、日々成長を続けよう。この方法は効果的であると同時に、多くの時間とお金の節約にもなる。

自分らしくお金持ちになるための70の習慣⑨

57. 最良の師から学ぼう。あなたがすばらしいと思う人や会社を選び、それを手本として学ぼう。

58. 自分が興味を持てる分野を選び、そこですでに成功している会社や人間がどんなことをしてきたか調べよう。他人の成功と同時に失敗からも学ぶことが大事だ。

59. ビジネスの世界で手本としたい人物、すばらしいと思い、尊敬できる人物を一人選ぼう。そして、その人について、できる限り多くのことを学び、その人ならきっとこうするだろう……と考えながら行動しよう。

60. 新しいビジネスや製品に自分の時間やお金、感情を入れ込む前に、ほかの人たちが何をしているかよく調べよう。競争相手は売り上げと利益をあげるために何をしているのだろうか？

61. 自分のビジネス、あるいは人生が自分の望み通りになったと仮定しよう。それはどんな状態だろうか？　細かいところまで想像し、描写してみよう。

62. ビジネスチャンスを探す時には、その分野で最も利益を上げていて、最も人気のある製品やサービスに注目しよう。そして、それをさらによいものにして、最高の製品やサービスを提供するにはどうしたらよいか考えよう。

63. あなたの仕事の中で一番大事なこと、つまり、あなたの貢献度が一番高い作業あるいは活動を三つ選ぼう。そして、今後は、その三つのことに一番時間をかけるようにスケジュールを調整しよう。

「他人が書いたものを使って自分を向上させることに時間を使おう。そうすれば他の人が苦労して手に入れたものを楽に手に入れることができる」

ソクラテス

第10章

Lead the Field

"Don't bunt. Aim out of the ballpark. Aim for the company of immortals."

-David Ogilvy

会社勤めでお金持ちになる

「バントするな。球場の外を狙え。
永遠に続く会社にすることを目指せ」

デイヴィッド・オジルヴィ
（広告業界のリーダーの一人）

この本ではこれまで、お金持ちになる方法としていわば「一般的」な方法、つまり、自分でビジネスを始めて儲ける方法に焦点を合わせてきた。それは、人々が必要としている製品やサービスの品質を高め、納得のいく値段で提供する方法、何らかの形で製品やサービスに付加価値をつけ、その分の利益を得ることでお金持ちになる方法だ。

この最後の章では、自分流でお金持ちになるための、もう一つの方法を紹介したい。それは**仕事に就き、そこでしっかり働いてトップになって高い報酬を受ける方法だ**。ビジネスを利用する方法と同じように、これまでに多くの人がこの方法を使って大金持ちになっている。もしあなたが、ビジネスを始めるよりも会社勤めをしながらお金持ちになる方が自分に合っていると感じていたら、次のような戦略を試してみてはどうだろう?

キャリアを高速路線に乗せる一五の戦略

1. 会社にとってなくてはならない人間になる

キャリアを高速路線に乗せる戦略のうち、おそらく最も重要なのは、**自分をかけがえのない存在にすることだ**。労働に対する報酬は仕事の種類、できばえ、そしてその人に代わる人を見つけるのがどれくらいむずかしいかによって決まる。だから、**会社にとって価値のある人間になり、**

あなたなしでは会社は成り立たない……というくらいの存在になることを目指そう。そうすれば、株式市場の暴落があろうが、リストラの嵐が吹き荒れようが、会社は決してあなたを手放そうとはしないだろう。

私はセミナーなどでよく、参加者にこう自問するように言う。「もし一日中、たった一つのことしかできないとしたら、私は何をするだろう?」。たいていの場合、この質問に対する答えこそが、あなたが会社やまわりの人たちに対して一番大きな貢献ができる仕事や活動だ。あなたの答えは何か、今ここで考えてみよう。

2. 人より多く働く

「あいつはよく働くやつだ」という評判が立つくらい一生懸命働こう。キャリアを高速路線に乗せる戦略のうち、これほど効果的な方法はほかにない。

上司に注目してもらうために一番効果があるのは一生懸命働くことだ。従うべきルールはただ一つ。「ほかの人より早く仕事を始め、一生懸命仕事をし、遅くまで仕事をする」ことだ。どんな会社でも組織でも、トップまで上りつめた人は例外なく、そこに達するまでに普通の人よりもずっと多く働いてきた。そういう人は、自分と同じように一生懸命働く部下に目をつける。**会社**

のトップは一生懸命に働く人間を昇進させようと、常にそういう人間を探している。どんな職場でも、一生懸命働く人にはいつもチャンスの扉が開いている。

3．仕事中は時間をムダにしない

あたりまえのようだがとても大事なもう一つの戦略は、**仕事をしている時は常に仕事をするということだ。**時間をムダにしてはいけない。

この単純な戦略で、あなたは競争相手に勝つことができる。朝会社に着いたらすぐに仕事に取りかかろう。まずコーヒーを一杯、とか、新聞を読んだり、同僚とおしゃべりしたり、個人的なメールをチェックしたりしてはいけない。仕事に関係ないことは一切しないで、一番大事な仕事にすぐ取りかかろう。つまり、**上司が一番重要だと考えている仕事にすぐ取りかかり、それが終わるまでほかのことは考えずにそれに集中する。**この仕事に自分の命がかかっている……というくらいの意気込みで働こう。

仕事中にだれかがあなたに、「ちょっとおしゃべりをする時間はあるか」と聞いてきたら、すぐに「今はだめ。今は仕事に集中しなくてはいけないから」と答えよう。そして、仕事が終わってから会うことを提案しよう。仕事場を、同僚とのおしゃべりの場にしてはいけない。そんなことをすれば、失敗への近道を突き進むことになる。

4．決められた時間より多く働く

昇進や昇給、特別なトレーニングや教育を受けるチャンス、より責任のある仕事を任せられるチャンスは、**決められた時間以外にも仕事のために喜んで時間を割こうという人に与えられる。会社は、生産性や業績を上げられる見込みがあると判断した人間に投資することを常に考えている。だから、一生懸命に働く人の方にチャンスが訪れやすい。**

どの分野においても、トップの人はみんな長時間働き、働く時には時間をムダにせずせっせと働く。彼らのようにトップになりたかったら、彼らが仕事に費やしているのと同じだけの時間を仕事につぎ込めばいい。その時間をつくりだすのは簡単だ。朝一時間早く出勤し、昼食の時間も働き、終業後一時間、人より多く働くだけでいい。これで、一日につき三時間余分に仕事ができる。この三時間は仕事場にほかにあまり人がいないはずだから、邪魔が入らず、仕事に集中できるから効率も上がる。静かな環境で、落ち着いて自信を持って仕事をすれば、仕事に対して前向きになれるし、スケジュールも自分で自由に立てられる。

5. 一〇〇パーセント責任を持つ

自分がやった仕事には、一〇〇パーセント責任を持とう。仕事が遅れたり問題が出てきた時に、人のせいにしたり、言い訳をしたりしてはいけない。会社のために仕事をして、その結果に対する責任をどれくらい取るかによって、あなたの給料や評判、社内での影響力、地位が決まる。

この戦略の効果を増すには、次の四つのポイントを押さえるといい。

①一番大事な仕事を選んでやる

②上司が嫌がる仕事を進んで引き受ける

③その仕事が片付いたら、もっとやらせてくれと申し出る

④時間を選ばず、すぐに仕事を片付ける

大事な仕事が何かを見極め、それを短時間でやり遂げる。そして、その結果に責任を持つ――これができれば、きっと上司に認められる。

6. ニッチを狙う

「ニッチ」は、小さくてみんな見落としがちだが、潜在的な需要があり、収益の可能性の高い

「市場の隙間」を意味する言葉だ。あなたもキャリアを高速路線に乗せるのに、この「ニッチ戦略」を利用しよう。それには、あなたの会社の成功に欠かせない仕事にねらいを定めることが必要だ。

どんな会社でも、その成功に一番大きな影響を与えているのはキャッシュフローだ。キャッシュフローが滞れば、会社の存続が脅かされる。だから、あなたがこの戦略を使おうと思ったら、**会社のキャッシュフローに大きな影響を与えるような仕事を見つけ、そこで重要な役割を果たすようにすればいい。**まず、自分の会社がどのような仕組みで動いているか、どこから収入が入ってきているかを理解し、次に、その過程で重要な役割を果たしている部門にねらいを定めよう。

会社のキャッシュフローに大きな影響を与える仕事には、マーケティング、セールス、ファイナンス、生産、流通、労使関係などがある。

7. 専門知識を深める

知識は力だ。専門的な知識や技術を身につければ、昇進の道が開ける。また、重要な情報も力となり得る。

守るべきルールは、ただ一つ。**自分の専門分野についてできるだけ多くを学ぶ、ただし、知っ**

ていることをすべて人に教えない。持っている専門的な知識や情報の量が多ければ多いほどあなたの価値は上がり、かけがえのない存在になる。そして、会社での重要性が増せば増すほど、昇進や昇給のチャンスも増える。

知っているすべてを教えるなというのは、情報を隠せという意味ではない。だれかれかまわず教えるのはやめろということだ。**仕事をうまく片付けるためにその情報を必要としている人、情報を求めてあなたのところにやってくる人には、気前よく提供しよう。**だが、聞いてこない人には教える必要はない。そのようにして知識や情報を分かち合う一方で、あなたが専門とする分野を極めるために、きちんと時間をかけて学習を続けることが大事だ。

8. 何でもすぐやる

チャンスにはすばやく反応し、仕事はさっさと片付けよう。「何でもすぐにやる人」という評判が立てば、それは必ず昇進につながる。いろいろなことをすばやく片付けられれば、責任を任せられる仕事が増える。そして、任された仕事を最優先して、またすばやく、責任を持って片付ければ、上司はきっとそれを認めてくれる。

現代社会では、スピードがものを言う。**より速く物事を片付けられる人の方が、時間をかけて**

仕事をする人より「頭が切れる」「能力がある」と見なされる。チャンスが訪れた時、何か責任を任された時、すぐに、すばやく動く決心のできる人は一流の仲間入りができる。

9．ネットワークを広げる

会社や組織の中だけでなく、外でも、常に人間のネットワークをつくることを心がけよう。この戦略には思いがけないほど大きな効果があり、いろいろなチャンスをもたらしてくれる。最近行われたある調査によると、ただ仕事を片付けるだけで、昇進の見込みのあまりない中間管理職の人間と、どんどん昇進する中間管理職の人間とを比較すると、人間関係を構築するために費やす時間に四倍もの差があった。**知り合いの数が多ければ多いほど、そしてあなたに好意を持っている人が多ければ多いほど、昇進や昇給のチャンスは増える。**

ネットワークは、あなたの生産性も上げる。「才能×人間関係＝生産性」という方程式を覚えておこう。あなたの才能は、あなたの知っている人の数によって倍増する。そしてそれによって生産性、業績、効率が上がり、昇給、昇進のチャンスも倍増する。才能はあなたの努力によって伸ばすことができるし、人間のネットワークはネズミ算式に増える。この方程式は、ゴールまでの長い道のりを短縮してくれる。

10．人前で話すことを学ぶ

キャリアを高速路線に乗せるもう一つの方法は、人前でうまく話せるようになることだ。これは、仕事をする上でとても大事な技術だ。ありがたいことに、この技術は学べる。今、人前でみごとなスピーチをする人も、昔は足ががくがく震えたという人がたくさんいる。彼らはその技術を学ぶことで、すばらしい話し手になったのだ。

「話し方教室」や「スピーチ教室」などの講座に参加したり、本や学習用オーディオテープを利用して人前で話す技術を学ぼう。これらの情報は電話帳やインターネットで集められる。人前で話すことは学習可能な技術であることを忘れず、いまどんなに苦手でも学ぶことから始めよう。

この戦略には、おまけがついてくる。それは、**人前でうまく話せるようになると、一対一の会話もうまくなることだ。**これはとくに、セールスの場で大きな効果を発揮する。売り上げが増えてすぐにあなたの収入にプラスの影響が出てくるかもしれない。また、この技術はネットワークを広げるのにも役立つので二重、三重の効果が期待できる。

11．一番になる

いま自分のやっていることをもっとうまくできるようになって、その道で一番になることを目

指そう。その決心がすぐできない人は、もしかするといまの職場、いまの職種が合っていないのかもしれない。根本的な見直しが必要かどうか考えてみよう。自分に合った仕事、好きな仕事をしている人にとっては、「一番になろう」と決心するのは簡単だ。そう考えるだけで、胸がわくわくするはずだ。

一番になるための大事なポイントは、弱みを克服することだ。弱点が長所の足を引っ張る。あなたが今、「これがもっとうまくできるようになれば、昇進や昇給の道が開けるのに……」と思うことは何だろう？ 多くの場合、この質問の答えがあなたの克服すべき弱点だ。この弱点は、あなたがあまり好きではないことだったり、やっていてあまりしっくりこないことだったりする。あなたがそれを好きでない理由は、たいていの場合、それが得意ではないからだ。**幸いなことに、ビジネスにおける技術はどんなものでも学習可能だ。**その技術を獲得することを目標に努力を続ければ、いつかきっと恐怖も苦手も克服できる。

12. いい仕事の習慣をつける

キャリアを高速路線に乗せるためには、**時間をうまく管理して、効率のいい仕事の習慣をつけることが大事だ。**あなたはいつも、成し遂げた仕事の量と質に応じて支払いを受ける。そのために費やした時間に対して支払いを受けるわけではない。だから常に、会社に対する貢献度を基準に、効率よく仕事をすることを心がけよう。

昇進したいと思ったら、時間をムダにするのをやめよう。一定の報酬を受けるには一定の仕事をこなさなければいけないと考えて、就業時間中は目いっぱい働こう。**いつもだれかに、仕事ぶりを監視されていると思うといい。その監視人はあなただ。**あなたが働けば働くほど、より多くの仕事が片付く。そうすれば自分でも気持ちがよくなる。仕事を成し遂げたという充実感や満足感はあなたを幸せな気持ちにしてくれるし、さらにやる気を起こさせてくれる。そういった気持ちは、あなたの人生そのものも変える。

13. 誠実さを大事にする

誠実であること、鏡に映った姿を見て恥ずかしくない自分でいること。それはビジネスの世界に限らず、人生において最も大事なことだ。信頼はすべての人間関係の基本だ。家族や友人、同僚、また顧客や業者、銀行の人、上司、部下といった人との人間関係もすべて信頼に基づいている。信頼は人と人とをつなぐ接着剤だ。だが、この接着剤は注意していないとはがれてしまう。その接着能力は、あなたの誠実さにかかっている。**約束はきちんと果たそう。やると言ったこと**

は必ずやろう。人はそういう人間を信頼する。

ビジネスにおいてだけでなく、人生全般において信頼に足る人間でありたいと思ったら、次の四つの質問を自分に聞いてみよう。

①だれもが私のような人間だったら、この世界はどんな世界になるだろう？

②だれもが私のような人間だったら、この国はどんな国になるだろう？

③だれもが私のような人間だったら、この会社はどんな会社になるだろう？

④だれもが私のような人間だったら、この家はどんな家になるだろう？

この四つの質問の答えを考えてみたら、人間としてもっと改善すべき点、改善できる点がきっと見つかるだろう。それを改善すればキャリアを高速路線に乗せるのに役立つばかりか、よりよい人間になるためにも役立つ。

14．未来に焦点を合わせる

人生で成功するために大事なのは、どこからやって来たかではなく、どこへ行こうとしているかだ。たいていの人は、過去において自分の時間や才能をムダにして後悔していることがいくつかある。あなたにも、もしやり直せたら……と思うことが何かあるのではないだろうか？　残念なことに、世の中にはこの後悔の気持ちに引っ張られてなかなか先に進めない人がたくさんいる。そういう人は、未来に待っているすばらしいことに目を向けることができずに、いつまでも過去の間違いや失敗にとらわれたままでいる。あなたは、そうならないようにしよう。

過去ではなく未来に焦点を合わせよう。自分が望む未来をつくりだすためにいま何が自分にできるか、それを考えよう。そこから学べることを学んだら、過去の失敗は忘れてしまおう。未来に焦点を合わせればやる気も出てくるし、情熱もわいてくる。あなた自身が制限を加えない限り、未来の可能性は無限だ。

15. 才能・長所を伸ばす

どんな分野でも、人の上に立つ人、ビジネスで成功する人の多くは、ゼロから始めた人だ。小さなことをこつこつ誠実にやり、それを積み重ねていった人だ。そのようにして一番下から始めた人は、まず自分の才能、長所、自分に与えられたチャンスを生かす努力をした。これも、小さいことの積み重ねだ。一朝一夕に成就できることではないが、長い時間をかけてそれらを育てると同時に、彼らは会社での地位を上げ、より多くの責任を任され、最後にはトップにまで上りつめた。忍耐強く才能・長所を伸ばすことが、結果として昇進と昇給をもたらす。彼らにできたことは、あなたにもきっとできる。

いま自分のいるところから始める

あなたもほかの大勢の人たちと同じように、望みさえすればきっとお金持ちになれる。あなたがいま何をやっていようと、どんな状態にいようと、そこからゴールに向かって歩き始めることはいつでも可能だ。

たとえば、まず収入の一〇パーセントを貯め、生活費を抑え、借金を返済することから始めてもいい。必ずしも新しいこと、何か大きなことをやらなければならないわけではない。**いま自分がやっていることを一生懸命やること、自分が選んだ分野でトップを目指してがんばることが、お金持ちになるというあなたのゴールにつながる場合もある。**いつも要求されていることよりも少しよけいにやること、余分の努力や犠牲を惜しまないことがあなたの夢の実現に役立つ。

いま会社に勤めている人は、仕事をしながらお金持ちになる準備をするのもいい。すでに成功を収めている人たちをよく観察し、何をやっているかを調べて、それと同じことを何度も繰り返し、同じ結果が得られるようになるまで続けよう。自分が目指すゴールにすでに到達している人から学ぶことが、そのゴールに到達する近道だということを忘れないようにしよう。

64. 自分が本当に何を求めているのか、はっきりと見極めよう。これから一年の間に成し遂げたいと思っている目標を一〇個、紙に書き出し、その中で、あなたの人生に一番プラスの影響を与えると思われる目標はどれか考えよう。そして、それが見つかったら、別の紙の一番上にその目標を書こう。

65. あなたが選んだ目標を達成までの期限を定め、さらにそれを細かく区切って、「区間目標」を立てよう。具体的な日付を入れて計画を立てると、それが意識的、無意識的に働いて、強制力、モチベーションとなってあなたを行動に駆り立ててくれる。

66. 目標の達成を妨げていると思われる障害をすべて書き出そう。あなたがそれを達成できないでいる理由は何だろう？　一番大きな障害となっていると思われるものを見つけ、まずそれを取り除くことに全力を集中しよう。

67. 目標を達成するために必要な知識やスキルで、新たに学べることはないか、書き出してみよう。それらを手に入れるための計画を立て、今日から計画の実行に取りかかろう。

68. 目標を達成するために協力してくれそうな人や組織、助けになりそうな人や組織を書き出そう。彼らからのサポートを受ける代わりに、自分が相手に何をしてあげたらいいか、何をしてあげられるか考えて、まずそれを相手にやってあげよう。

69. 目標達成のための細かい計画を立てよう。どのような順番で何をやったらいいか、優先順位をつけて整理し、いますぐ行動に移ろう。

70. 毎日必ず何か一つ、あなたにとって一番大事な目標の達成の役に立つようなことをやろう。どんなことが起ころうと決してあきらめないと、いまここで決心しよう。成功するまであきらめるな！

「世の中のいかなることも、根気強さにとって代わることはできない。才能もだめだ。才能があっても成功できない人はたくさんいる。天才もだめだ。正当な評価を受けられない天才は山ほどいる。教育もだめだ。世の中には高い教育を受けた落伍者がごろごろしている。根気強さと決意の強さだけが、すべてを可能にする力を持っている」

——ケルビン・クーリッジ

◎終わりに◎　健康とお金と幸福を手に入れる八つの秘訣

幸せな人生、充実した人生を送りたいと願わない人はいない。そのための秘訣は古くからいろいろ言われているし、この本でもいくつか取り上げた。

最後に、健康とお金に恵まれ、幸せな生活を送っている人たちが心がけていること、実践していることをまとめてみようと思う。ここで紹介する秘訣はどれも、だれにでもできることばかりだ。みなさんもぜひ試してみてほしい。

1．好きなことをやる

どんな分野でも、成功している人に共通することは、自分が好きなことをやっていることだ。自分をよく分析し、才能や能力を見極めて、それに合った分野を選ぼう。

そして、自分が本当に楽しめて、大きな満足と喜びが得られるそのことに集中できるように、仕事をしやすい環境をつくろう。

2. 得意なことをやる

これもどんな分野にもいえることだが、成功したいと思ったら、自分が一番得意なことを見つけなければいけない。自分が特に上手にできることが見つかったら、それをもっとたくさん、もっと上手にできるような環境をつくろう。会社員として成功したいと思ったら、**自分が一番能力を発揮でき、会社に最も大きな貢献ができるような専門分野を見つけることだ。**

3. 情熱を持つ

情熱を持って生きよう！　自分が楽しめて、しかもとてもうまくできることが見つかったら、それが何であれ、そのことに全身全霊を傾けることが大事だ。後ろにある橋は燃やして、もう後戻りできないようにしよう。「これをやり遂げる」としっかり心に決めよう。アメリカの詩人・思想家のラルフ・ウォルド・エマーソンはこう言っている。「**情熱なくして成し遂げられた偉大なことは一つとしてない**」。

4. 一流になる

人間としても職業人としても、一流を目指すには、着実に前進を続けなければならない。近道や手っ取り早い方法はない。世の中には、思っているほど成果をあげられず、もうどうなってもいいと捨て鉢になって生きている人が多いが、それは、彼らが常に自分のやっていることの質を高めようとしないからだ。そういう人は、「何でも一生勉強だ」という、とても大切なことを忘れている。基本的な教育を受け、時には大学まで卒業しておきながら、それまでに蓄えた知識だけを頼りに成功を収めようとする。これでは、失敗するのは目に見えている。**成功したければ、一流を目指す志を持たなければいけない。**

5. 常に勉強する

何かに秀でるためには、そのことについて常に学ばなければならない。本を読むのもいい。車の運転中に音楽を聴く代わりに学習用のテープを聞くのもいい。役立ちそうなセミナーや講座にどんどん出席しよう。そういった手段を駆使して仕入れたアイディアや、新しいアプローチの仕方、仕事の方法などがあなたのキャリアの方向転換に役立ち、すばらしい成功の道に導いてくれることもある。

ビジネスだけでなくどんなことにもあてはまるが、一流になるには生まれつき人より頭がよくなくてはいけないというわけではない。大事なのは、競争相手に勝つために知っておかなければならないことを学ぶために時間をかけることだ。

6. 高い報酬を受ける

普通以上に支払ってもらうには、普通以上の仕事をしなければならない。仕事の出来が普通ならば報酬も普通だし、出来が平均以下ならば報酬も平均以下だ。それに、次は仕事がもらえないかもしれないし、失業することもあり得る。どんな仕事をしていようと、報酬が一番高い方から一〇パーセント以内に入ることを目指そう。

7. お金を貯める

会社などに勤めて他人のために働いていてもお金持ちになることは可能だ。医者や弁護士などの専門的な職業の人や、重役、腕のいいセールスパーソンで毎年何十万ドルも稼ぐ人はたくさんいる。たとえ年収が五万ドルでも、そのうち一〇パーセントの五〇〇〇ドルを毎年貯め、二五歳から定年退職する六五歳までの間、ある程度の利子がつく預金口座に入れておいたり、堅実な投資をし続ければ、結果的にかなりの額になる。普通の給料しかもらっていない人でも、そのうち一〇パーセントを貯め続ければお金持ちになるのも夢ではない。

8. 今やっている仕事をしっかりやる

確かに自分でビジネスを始め、それを大きくしてお金持ちになった人はたくさんいるが、だれもが起業家になれるわけではないし、みんながそうすべきだというわけでもない。**世の中には自分で会社を立ち上げるのが向いている人もいれば、他人の会社で働く方が向いている人もいる。**

実際のところ、**何か特殊な才能や能力を持っている人は、自らビジネスオーナーになるより他人の会社で働く方が、よりよくその力を発揮し、より大きな貢献ができる場合もある。**そういう人は、自分の才能や能力を高く買ってくれるところで働き、会社の繁栄のために最大の貢献をすることで自分も豊かになれる。

自分流でお金持ちになろう

自分に合った方法を見つけてそれを実践し、金銭的な成功を収めることは、それほどむずかしいことではない。はじめに少しだけ普通よりがんばって働けば、あとで「見返り」がどっさりと入ってくる。この本で紹介したアイディアのうち、**自分に合ったものをいくつか見つけて、実践してみよう。**そうすれば、経済的自立に向けて大きく第一歩を踏み出すことができるだろう。そして、いつかきっと望みのものをすべて手に入れることができるようになるだろう。

あなたが今望んでいるものを手に入れ、成功に伴う達成感、満足感、自分を誇らしく思う気持ちを味わえるかどうか、それはすべてあなた次第だ。「やる」と決めてやり始め、やり続けよう。あきらめてはいけない。あなたならきっとできる！

訳者あとがき――夢を見つけるための宝の地図

人生で成功する、特に金銭的な面で成功を収める、つまりお金持ちになるための本は、近年たくさん書店に並んでいる。本書もそのうちの一冊、と言ってしまえばそれまでだ。ほかの本とどこが違う？　と聞かれたら、正直に言って即答に困る。こんなふうに書くと出版社さんから怒られるかもしれないが、最初に一読したあと、この質問をされたとしたら、「やさしい言葉で書かれていて読みやすい」「お金持ちになるためのエッセンスが凝縮されている」「パワフルなメッセージが伝わってくる」といった、月並みな返事しかできなかったかもしれない。だから、翻訳中は常に、ほかの本と違うところ、すぐれているところはどこかと考えながら作業した。全体を訳し終わって見つけたその答えの一つは「宝の地図」だった。

ブライアン・トレーシーには別に『「夢のリスト」で思い通りの未来をつくる！』（ダイヤモンド社）という著書がある。宝の地図はその延長線上にあると言っていいかもしれない。というのは、この地図の作成には目標が決まっている必要があるからだ。地図の詳しい作り方は本文（32～33ページ）を参照していただきたいが、私が小さめの紙で試した限りでは、ヴィジュアルでカラフルなこの地図は、創造力をかき立てられ、作成すること自体が楽しくて、そのためだけでも試してみる価値があるように感じた。
　私の場合、真ん中には、目標の一つであるダイエット成功の願いを込めて、数年前のちょっと細めの写真を貼った。そして、そのまわりに、そのほかの目標、夢に関連した写真や切抜きを探して貼るつもりで、四角い枠を描いて中に「フラメンコのカンテを歌っている女性」とか「初代シェークスピア・アンド・カンパニー書店」とかメモをした。そうしたら、あっと言う間に十個ほどの四角が写真のまわりを囲んだ。夢はまだたくさんあるから、貼る物はいっぱいあるし、空いたスペースには落書きをするつもりだから、きっと小さいながらインパクトがあるものになるだろう……どうやら私はこの小さなレポート用紙サイズの宝の地図で満足してしまいそうだが、読者のみなさんにはぜひ、トレーシーが勧めるポスターサイズで挑戦してみてほしい。その地図を使って宝を手に入れるためのヒントは、この本のあちこちに散りばめられている。

二〇〇六年一〇月

白根美保子

［著者］
ブライアン・トレーシー（Brian Tracy）
カリフォルニアを拠点に活躍するプロのスピーカー、トレーナー、コンサルタント。彼自身、自力で道を拓いた億万長者である。高校を中退後、数年間の肉体労働を経てセールスマンの職を得、ビジネス界での才能を発揮。自分なりのアイディア、方法、テクニックを生かし大開発会社の重役まで昇りつめる。30代で大学に入学し経営管理の修士を取得、22の会社と業界で働いた経験をもとに、自己の成功の秘訣を伝授するセミナーを世界中で開催している。
著書、ビデオ、テープなどは20カ国語に翻訳され、38カ国で親しまれている。
日本においても、『カエルを食べてしまえ』（ダイヤモンド社）『頭がいい人、悪い人の仕事術』（アスコム）がベストセラーとなり、熱烈なるファンが彼の著作を支持している。
著書には他に、『「夢のリスト」で思いどおりの未来をつくる!』『こうなったら無敵の営業マンになってやる!』（ダイヤモンド社）『ゴール—最速で成果が上がる21ステップ』（PHP研究所）『大富豪になる人の小さな習慣術』（徳間書店）などがある。

［訳者］
白根美保子（しらね・みほこ）
翻訳家。早稲田大学商学部卒業。訳書に『ボルネオの奥地へ』（めるくまーる）、『マン・イン・モーション』（国際医書出版）、『死別の悲しみを癒すアドバイスブック』『金持ち父さん　貧乏父さん』（いずれも筑摩書房）、『ハーバード医学部』（三修社）、『悲しみがやさしくなるとき』（共訳・東京書籍）などがある。

自分らしくお金持ちになるための70の習慣

2006年 11月 2日　第 1 刷発行

著　者——ブライアン・トレーシー
訳　者——白根美保子
発行所——ダイヤモンド社
〒150-8409　東京都渋谷区神宮前6-12-17
http://www.diamond.co.jp/
電話／03·5778·7236（編集）03·5778·7240（販売）
装丁————中井辰也
カバーイラスト —ミヤケ・シゲル
製作進行——ダイヤモンド・グラフィック社
印刷・製本—ベクトル印刷
編集担当——土江英明

ISBN 4-478-73332-5